超鐵血法則

改變人生的意志力鍛鍊法

鄭宜真 著

人，如果能控制自己，你就是上帝……
如果失控，你就會變成魔鬼、酒鬼、色鬼、小鬼……

不在沉默中爆發，就在沉默中滅亡！

崧燁文化

目錄

序言

哲人說：「人的一隻手將自己拖入地獄，一隻手將自己拉入天堂。」意思是說，人可以讓自己成為魔鬼，也可以讓自己成為上帝。魔鬼能生出邪惡、懶惰、貪婪、嫉妒、失落……上帝能造出理想、誠實、愛心、堅強、快樂……魔鬼與上帝是一對不可調和的矛盾，但其距離並不遙遠，讓自己成為魔鬼還是上帝，只看你是否具有強大的意志力。

意志力，是評價一個人修養的標準，是一個人成大事必須具備的能力。一個善於自控的人，懂得：

如何從不幸中走出自我

如何在誘惑面前留住自我

如何在不遇之時正視自我

如何在浮躁中把住自我

如何在猶豫面前堅定自我

如何在壓力面前穩住自我

如何在拖延面前改變自我

如何在犯錯之時改正自我

魯迅說：「不在沉默中爆發，就在沉默中滅亡。」沉默中有危機也有潛機。生活的八二法則也告訴我們，只有百分之二十的人能夠從寂寞、沉默中走出來，其餘百分之八十因為怕黑、怕孤獨、怕遭到攻擊、怕失敗、沒有主見、沒有目的、沒有克制、沒有勇氣，所以沉寂在歷史當中。走出來的人才有資格成功，因為，他們可以主導自己的心靈，控制自己的心態，他們才會變得強大。只有把潛藏在內心的魔鬼一一趕走，你才有可能成功。

人，最強大的敵人和最好的朋友，都是自己，如何克服自我的弱點和弱勢，如何發揮自我的強項和優勢，幾乎決定了一個人能否幸福、成功——命運就在自己手中，看你如何把握！

《超鐵血法則：改變人生的意志力鍛鍊法》一書用了大量生動典型的實例和深入淺出的道理，為你介紹了提升自控力的七十六種鐵血方法，教你強化思維、調整心態、培養自信、規畫人生、利用時間、積極行動、挑戰逆境、把握機會、不斷進取、品德修養、人際交往等等人生智慧。它就像一盞點亮心智的明燈，照亮你前進的方向。只要你打開它，不論是信手翻閱，還是仔細閱讀，都會帶給你深刻的啟迪。

一、如何從不幸中走出自我

不幸可以使一些人成為強者、英雄，也可以使一些人沉淪、墮落，甚至毀滅。關鍵取決於對不幸的態度為何。

幸運之神不可能伴隨我們每一個人，因為上帝並不偏愛任何人。我們每個人都得經歷一些苦難，正如我們也經歷了許多歡樂一樣。遲早，生活本身便會教我們明瞭：在受苦受難的經歷裡，我們都是平等的。

克文頓太太有三個小孩，身體狀況都不好，因此很費一番苦心去照顧他們。不幸的是，他們的家庭醫師某一天又告訴她，說她的丈夫得了一種嚴重的心臟病，很可能隨時會病發身亡。

克文頓太太聽了醫師的話感到恐懼不已，並且開始擔憂，晚上無法入睡，沒多久便瘦了十五磅，醫師認為克文頓太太是過於神經質。一天晚上，克文頓太太又睡不著覺，便自問自己這麼擔驚受怕是否有用。到了第二天晚上，她開始計畫自己應該做些有用的事。由於她丈夫頗精於木工，能親手做出許多種家具，所以她要求丈夫替她做了個床頭小桌。丈夫答應了她，並且花了好幾個下午認真去做。克文頓太太注意到這工作帶給他極大的樂趣，於是之後，他又為朋友做了好幾件家具。

除此之外，他們還開闢了一片園地，開始種花種菜。她們把最好的收成都送給朋友，並盡量想出一些他們可以幫助別人的事來做。假如一時沒有什麼事情，他們便坐下來討論有關種植果樹等種種計畫。

一日凌晨一點多的時候，她的丈夫突然病發去世。克文頓太太那時才體會到，其實最近這幾年，他們一直把這可怕的壓力放在一邊，過的卻是有生以來最快樂、最有意義的生活。她就是這樣面對悲劇，並盡力用最好的方式來接受它。

不幸可以使一些人成為強者、英雄，也可以使一些人沉淪、墮落，甚至毀滅，關鍵取決於對不幸的態度為何。克文頓太太用無比的勇氣來面對不幸，

使她丈夫最後幾年的歲月過得快樂又有意義，而她本人也因此留下一段美好的回憶。

對於弱者而言，遭遇不幸就如同面對一條不可踰越的鴻溝；而對於強者來說，遭遇不幸彷彿遇到更強大的挑戰，從而激發出更強大的潛能。因為在強者心目中，「人生不是被打敗的」。絕美的風景，多在奇險的山川；絕壯的音樂，多是悲涼的韻調。

面對不幸的微笑，是生命潛流中綻放的朵朵浪花，它托起駛向希望彼岸的生命之舟。真正的強者，就是要笑對不幸。

只有笑對不幸才能從不幸中走出自我。

笑對不幸是一種積極豁達的人生態度。世間只有殘缺的身體，卻沒有殘缺的生命；生活中的拐杖輪椅，將成為人生翱翔的翅膀。

笑對不幸是一種悲壯之美，而唯獨這種悲壯之美才最為驚心動魄，震撼人心。正如大海的最美之處不在於其風和日麗，水天一色，而在於其驚濤拍岸，捲起千堆雪。

生命並不是一帆風順的幸福之旅，而是時時擺動在幸與不幸、沉與浮、光明與黑暗之間的模式裡。我們不能像鴕鳥一樣把頭埋在沙堆裡面，拒絕面對各種麻煩，而麻煩也不會因此獲得解決。

我們每個人都會有不幸，而且會有各式各樣的不幸，微笑卻能助我們從不幸中走出來。

二、如何在嘲笑當中認可自我

嘲笑是意志的大蠹，嘲笑是事業的天敵，嘲笑是前進的羈絆；而成功的花環只屬於那些面對嘲笑而嗤之以鼻的人，屬於那些面對嘲笑奮進的人！

當你的某種新奇思想不為別人所理解時，當你的發明創造遭到失敗時，當你的學習不得進展時……往往會遭到冷嘲熱諷。此時，你是把受嘲之恥化為發憤之勇，變短為長，把知識的缺陷作為鑽研的突破口，由此開掘出一條通道呢？還是把受嘲之恥釀成頹廢之毒，嫉長護短，把知識的缺陷視為攔路虎，由此而止步不前呢？面對嘲笑，如何在嘲笑當中認可自我？

歷史是一面鏡子，讓歷史老人幫我們找到答案吧。

英國工人史蒂文生製造了第一輛用蒸汽機作動力的火車，但只能拖三十噸煤，每小時走四英里，聲音也很大。有人嘲笑他，說他的車子雖然不用馬來拉，但是吼叫起來比幾千匹馬還要吵鬧。史蒂文生在嘲笑聲中沒有退縮，而是把嘲笑當作覺醒的動力，奮進的路標，攀登的階梯。他認真總結了教訓，又用了十一年時間，終於成功製造了第一輛客、貨運蒸汽機車，時速已達十二英里。

焦耳關於能量守恆的思想，一開始也遭到專家們的嘲笑，但他卻堅持不懈，堅持試驗達三十年之久，最後取得勝利。

中國清末學者朱起鳳，曾在一個書院裡教書，因為沒有搞清楚「首施兩端」與「首鼠兩端」可以通用，都是猶豫不決的意思，而誤判了一個學生的作文，遭到全書院的嘲笑。後來，他發憤讀書，專門蒐集這類詞語三萬多條，分類編排，博舉例證，加以註釋，編成一部有三百多萬字的大型辭書《辭通》。

與此相反，德國偉大的能量守恆思想奠基人邁爾，在極其不公平的世俗偏見包圍之下，在一片可憐可悲的嘲笑聲中，失去了理智，企圖自殺，一顆科學明星就此再也無法發光。

英國青年紐蘭茲在門得列夫週期律發表前三年就已經發現了元素週期律，由於別人的嘲笑，他放棄了對元素週期律的研究，鑄成了不可彌補的大錯。

歷史事實作出了旗幟鮮明的回答：嘲笑是意志的大蠹，嘲笑是事業的天敵，嘲笑是前進的羈絆；而成功的花環只屬於那些面對嘲笑而嗤之以鼻的人，屬於那些面對嘲笑奮進的人！

許多時候我們都得面對這樣的難題，那就是同事和朋友總是嘲笑自己，該怎麼辦？

這個問題應該這樣解決：

首先，嘲笑分二種，一種是善意的，一種是惡意的。

對待善意的嘲笑可以一笑而過，不要計較。

對待惡意的嘲笑則要靈活對待：

（一）要看嘲笑你的人是本著什麼意圖，如果是有口無心的人可以少加反駁，不要激動。

（二）如果是企圖攻擊你，你要先想像自己有哪些地方得罪他再解決也不遲。

總之，面對嘲笑不要急，一定要掌握根本，再解決問題。

三、如何在危機之時走出自我

在危機尚未來臨時預測危機，在危機處於萌芽狀態時發現危機，在危機帶來危害時消除危機，甚至在危機中發現機會，駕馭危機，利用危機。

古人云：「生於憂患，死於安樂。」意思是：人要有憂患意識。用現代的流行語來說，就是要有「危機意識」。

想在危機之時走出自我最佳的辦法就是必須具備危機意識。

一個國家如果沒有危機意識，這個國家遲早會出問題，一個企業如果沒有危機意識，遲早會垮掉，個人如果沒有危機意識，必會遭到不可預測的橫逆。

未來是不可預測的，而人也不是天天走好運的，就是因為這樣，我們才要有危機意識，在心理上及實際作為上有所準備，好應付突如其來的變化。如果沒有準備，不要說應變，僅是心理受到的衝擊就會讓你手足無措。有危機意識，或許無法消除問題，但卻可以降低損害，為自己找到生路。

伊索寓言裡有一則這樣的故事：

有一隻野豬對著樹幹磨牠的獠牙，一隻狐狸見了，問牠為什麼不躺下來休息享樂，而且現在沒看到獵人。野豬回答說：等到獵人和獵狗出現時再來磨牙就來不及啦！

這隻野豬就是有「危機意識」。

那麼，個人應如何把「危機意識」落實在日常生活中呢？

這可分成二方面來談。

首先，應落實在心理上，也就是心理要隨時有接受、應付突發狀況的準備，這是心理建設、心理準備，到時便不會慌了手腳。

其次是生活中、工作上和人際方面要有以下的認識和準備：

——人有旦夕禍福，如果有意外的變化，我的日子將怎麼過？要如何解決困難？

——世上沒有「永久」的事，萬一失業了，怎麼辦？

——人心會變，萬一最信賴的人，包括朋友、夥伴變心了，怎麼辦？

——萬一健康有了問題，怎麼辦？

其實你要想的「萬一」並不只有剛才說的這幾種，所有事你都要有「萬一……怎麼辦」的危機意識，未雨綢繆，預作準備。尤其關乎前程與一家人生活的事業，更應該有危機意識，隨時把「萬一」擺在心裡。人最怕的就是過安逸的日子！

風雲變化萬千，只有未雨綢繆的人才能坦然應對危機。

在危機尚未來臨時預測危機，在危機處於萌芽狀態時發現危機，在危機帶來危害時消除危機，甚至在危機中發現機會，駕馭危機，利用危機。只有這樣，我們才能化險為夷、立於不敗之地。

四、如何在逆境之時戰勝自我

命運對任何人都是公平的，所不同的只是人們對自己的認識和對環境的理解不同罷了。環境不會控制你的命運，只有你自己應對生存和生活的態度和表現，才能夠決定你的成功與失敗。

人生道路並非總是風和日麗、垂直平坦的，人的一生中總會遇到狂風暴雨、道路泥濘時，因此，人生與逆境總有不解之緣。

有一夥常常倒楣的人，組織了一個「倒楣者協會」，由一個大家公認為倒楣透了的人擔任會長。

「會員們，」倒楣會長發表就職演說道，「我們太倒楣了！可是那些幸運者為什麼那樣幸運呢？不行！我們一定要讓他們和我們一樣倒楣！」

「對！」會員們齊聲贊同。

會長建議：「讓我們合夥開個霉氣公司吧。」

「是煤氣公司嗎？」

「不，是『霉氣』。我們可以把霉氣管道悄悄地通到幸運者家裡……。」

說做就做。全體倒楣會員先用自己呵出的氣把龐大的霉氣櫃灌得滿滿的，然後，選了一位幸運的女歌星做目標。神不知鬼不覺地，霉氣管道從地底下通到了女歌星家的衣櫥後。「放氣！」倒楣會長下令。女歌星的房間裡立刻充滿了一種說不清的怪味兒。

當天晚上，女歌星的嗓音有點發毛了，觀眾的掌聲減少了一大半。

倒楣會長哈哈大笑：「好哇，加大供氣量！」

終於，女歌星再也不能唱歌了，她自己都怕聽見這種鋸樹般的聲音。

但是，正當倒楣者協會慶祝勝利時，又傳來這樣的消息：過去的歌星現在成了啞劇演員，她那精湛的表演無比動人，即將應邀出國演出。

「她更幸運了！」倒楣會長急紅了眼，「不行，不能讓她出國！」

一根更粗的霉氣管又通到了啞劇演員的床底下，以致於第二天早晨她竟無法起床，她的二條腿動彈不得了。

女演員在床上躺了三天三夜。第四天，她拿起了筆，她決心當一個作家。

她自己沒有出國，但她寫出動人的書，被傳到了更廣更遠的地方。

「停止放氣。」倒楣會長終於有點明白了，「對這種人來說，霉氣越多，她就越幸運！」

貝多芬耳聾，但他成為世界聞名的音樂家，張海迪殘疾，但她是人們學習的榜樣……是的，他們霉氣，但他們很幸運。

人的一生，不如意事，十常八九，面對困難和挫折，不能只是一味地抱怨、沉淪和絕望。其實，命運對任何人都是公平的，所不同的只是人們對自己的認識和對環境的理解不同罷了。

要知道，環境無法控制你的命運，只有你自己應對生存和生活的態度與表現，才能夠決定你的成功與失敗。

就像暴風雪和大火來臨時，我們不只是立刻想到逃跑，而是勇敢地去面對，面對險惡，或許就是一條生路。小說中的歌星就是這樣一個人物，她的嗓子不行了，她沒有沉淪，而是選擇做啞劇演員，她後來不能動了，她沒有絕望，她選擇做作家。最後，她成功了。

有的人總是埋怨自己沒考上好的大學，沒找到好的工作，沒有天賦，沒有背景，這完全是在浪費時間，浪費精力。到底是順境還是逆境更容易造成人才，這已經並不重要，重要的是如果你身處逆境，你會怎麼做？

有一位年邁的教授曾說過「逆境是人生的寶藏。現在的年輕人沒有經歷過什麼困難，缺乏一種堅強的意志和頑強的毅力。」因此，他們需要更多磨練，才能有勇氣去面對逆境而不致於一敗塗地，唯有如此，才能從逆境中汲取經驗、教訓，獲得新生，才能滋生更多的樂觀細胞，才能有足夠的資本去

挑戰逆境、戰勝逆境。當我們身陷逆境時，千萬別認為這是不幸，因為逆境隨時伴隨我們左右，我們要將它視為導師，因為它會教我們很多東西。

有人說，生活是一面鏡子，你對它笑，它同樣會回報你一個笑。所以陷入逆境時，笑一笑，風雨過後就是晴天。

五、如何在茫然中把握自我

當你和茫然頑強鬥爭的時候，請記住普希金的這句詩：「生活不會使我厭倦。」

總聽到有人這樣說：「每天，我照常地工作、學習、生活，可總覺得心裡好像有點不對勁，似乎我不知道為什麼工作、為什麼學習、為什麼生活，常常有一種很茫然的感覺。這種情緒讓我整天百無聊賴，心緒懶散，寂寞惆悵卻又不知該怎樣解脫」。這就是我們通常所說的「茫然」。在很多人的印象裡，它往往與「寂寞」、「孤獨」等詞是通用的，但實際上它們之間是有所不同的。其中很重要的一點就是「寂寞」、「孤獨」對於人並不總是消極的，有時甚至標誌著一個人獨具個性。而「茫然」卻只能消磨人的鬥志，侵蝕人的靈魂，使人的生命毫無價值。

茫然是一種內心體驗。每當我們聽到一些人說著諸如「唉，真沒動力」、「唉，這個世道我算看透了」之類的口頭禪時，我們就說他是個心靈茫然的人。但實際上，真正茫然的感覺往往只能意會，無法言傳，只有空虛者自己才能真切地體會到，他人是難以深入體驗的。所以，這使得感覺茫然的人不太容易實現與他人的交流和溝通，如果自己再不積極努力的話，只會越來越緊地被空虛所包圍。

茫然是隨時都可能產生的，如果你正好是個心理承受能力較差的人，就更容易被茫然所征服。

從心理學的角度來看，茫然是一種消極情緒，這是它最重要的一個特點。被茫然所侵襲的人，無一例外地是那些對理想和前途失去信心，對生命的意義沒有正確認識的人。他們或是消極失望，以冷漠的態度對待生活，或是毫無朝氣，遇人遇事便搖頭。為了擺脫茫然，他們或抽菸喝酒，打架鬥毆，或無目的地遊蕩、閒逛，熱衷於某種遊戲，之後卻仍是一片茫然，無謂地消磨了大好時光。茫然帶給人的，只有百害而無一利。

面對茫然，最重要的是要有理想。俗話說「治病先治本」，因為茫然的產生主要源於對理想、信仰及追求的迷失，所以樹立崇高的理想、建立明確的人生目標，就成為消除茫然最有力的武器。當然，這個過程並不是一蹴而就的，但當你堅定地向著自己的人生目標努力前進時，茫然就會悄悄地離你而去。

　　面對茫然，還要培養對生活的熱情。我們常說，生活是美好的，就看你以什麼樣的態度去對待它。一樣的藍天白雲，一樣的高山大海，你可以積極地去從中感受到大自然的美麗；或者認認真真地學點本領，幫他人做點好事，也能對自己的成功頗感得意，從他人的感謝中得到歡愉。當你用有意義的事去培養你對生活的熱情，去填補你生活中的空白時，你哪還有心情和閒暇去茫然呢？

　　面對茫然，還要積極提高自己的心態。有時候，人們生活在同一環境中，但由於心態不同，有人遇到一點挫折便偃旗息鼓而輕易為茫然所困擾，有人面對困難卻能毫不畏縮而始終愉快充實。因此，有意識地加強心態的訓練，就能夠將茫然及時地消滅在萌芽狀態而不給它進一步侵襲的機會。

　　當你和茫然頑強鬥爭的時候，請記住普希金的這句詩：「生活不會使我厭倦。」

六、如何在誹謗面前撐住自我

　　無端的誹謗，發起事端，攻擊他人，以滿足自己的虛榮心或復仇心理，這是小人之心。妒嫉他人成就，想盡一切辦法，造謠中傷，結果往往只能是搬起石頭砸了自己的腳。

　　做人難，難在如何面對誹謗誣陷，尤其當你有了聲望獲得成就的時候，這種情況往往環繞良久而不消。

　　《新唐書》中講到一則武則天與狄仁傑的故事：

　　武則天稱帝後，任命狄仁傑為宰相。

　　有一天，武則天問狄仁傑：「你以前任職於汝南，有極佳的政績表現，也深受百姓歡迎，但卻有一些人總是誹謗誣陷於你，你想知詳情嗎？」

　　狄仁傑立即告罪：「陛下如認為那些誹謗誣陷是我的過失，我當恭聽改正；若陛下認為並非我的過失，那是臣之大幸。至於到底是誰在誹謗誣陷？如何誣陷？我都不想知道。」

　　武則天聞之大喜，推崇狄仁傑確是一位仁師長者，具有寬人嚴己的高風亮節。

　　一味糾纏於是非或一味探究涉及是非的人，都只能使自己身心疲憊，方寸盡失，是得不償失的。因此說，狄仁傑是智者，他能讓自己置身事外。

　　無端的誹謗，發起事端，攻擊他人，以滿足自己的虛榮心或復仇心理，這是小人之心。妒嫉他人成就，想盡一切辦法，造謠中傷，結果往往只能是搬起石頭砸了自己的腳。那麼對於誹謗我們該如何面對呢？

　　（一）要善於克制自己。當聽到有人對誹謗自己時，一定會產生一系列強烈的情緒反應，進而會打破原來的心理平衡，因此要盡量避免在這時馬上採取行動。你應該等心裡的風暴過去之後，再做下一步打算。面對他人的誹謗之詞，如果你一時說不清真相，不妨先迴避一下。不加理會的惡意中傷很快就會平息。

（二）宣洩由於遭人誹謗而引起的消極情緒。宣洩消極情緒有二種方式：一是聽其自然，一是自我控制。聽其自然的方式包括用眼淚來發洩，或獨自在心裡進行對話，求得疏導。自我控制的方式是運用自制力把消極情緒轉移掉，如聽音樂、看喜劇表演、看電影、郊遊、畫畫等。透過這些活動，能使心理平衡得到恢復。

（三）不要到處向別人表明自己是「清白無辜」的，這樣做等於自己在散播自己的流言蜚語。

當你被誤解遭人誹謗時，還未向對方進行澄清之前，最好找一個或幾個你最信任的人，講明事情的真相，共同分析造成誤解的原因，然後再找出消除誤解的辦法。

（四）要進行自我檢查，消除易成為他人攻擊對象的隱患。一般來說，當你升遷到某一重要位置時，當你一夜之間成為名流時，當你觸犯了某些人的根本利益時，你都可能成為流言蜚語攻擊的「靶子」，成為被人誹謗的對象。對此，既要思想上有準備，沉著應付從暗處飄出的流言蜚語，也要特別謹慎，做好人際關係。

（五）要學會容忍。對於那些無關緊要的流言蜚語，要採取容忍的態度，不理不睬。容忍為澄清事實真相提供了時間和機會，容忍的效果往往超過力量與憤懣。

做到以上幾點，你便能面對誹謗而冷靜待之，而不被誹謗打倒。

七、如何在懶惰之中推醒自我

人生是短暫的，在這短暫的時日裡，倘若再滋生懶惰之意，便是負了大好青春，因此我們當時常警醒自己，以防心生懶惰之意。

惰性，是一種惡習。有了惰性，做事提不起興趣；有了惰性，做事就會鬆鬆垮垮；有了惰性，就會精神萎靡，得過且過。總之，惰性是一種腐蝕劑，感染了就是一種精神上的病態，它會使人庸庸碌碌，虛度一生。

有一個青年，二十歲的時候因為沒有飯吃而餓死了。

閻王從生死簿上查出，這個青年應該有六十歲的年壽，他一生會有一千兩黃金的福報，不應該這麼年輕就餓死。

閻王心想：「會不會財神把這筆錢貪汙掉了呢？」於是把財神叫過來質問。

財神說：「我看這個人命裡的文才不錯，如果寫文章一定會發達，所以把一千兩黃金交給文曲星了。」

閻王又把文曲星叫來問。

文曲星說：「這個人雖然有文才，但是生性好動，恐怕不能在文章上發達，我看他武略也不錯，如果走武行會較有前途，就把一千兩黃金交給武曲星了。」

閻王再把武曲星叫來問。

武曲星說：「這個人雖然文才武略都不錯，卻非常懶惰，我怕不論從文從武都不容易送給他一千兩黃金，只好把黃金交給土地公了。」

閻王再把土地公叫來。

土地公說：「這個人實在太懶了，我怕他拿不到黃金，所以把黃金埋在他父親從前耕種的田地裡，從家門口出來，如果他肯挖一鋤頭就挖到黃金了。可惜，他的父親死後，他從來沒有挖這鋤頭，就那樣活活餓死了。」

最後，閻王判了「活該」，然後把一千兩黃金繳庫。

一個人倘若懶到如此地步，除了死亡沒有什麼更適合他了。

一個人，若滋長了惰性，做事便會粗枝大葉，不求精細，做事精力不集中，工作無序、零亂。當然，思想懶散，原因是多方面的，一個人在社會上接觸的事物是多方面的，有人際關係，有工作關係，有家庭關係，只要有一方面不順心，就會影響情緒，惰性隨之而來。但歸根到底是思想觀念問題，如何面對曲折，如何面對失意，怎樣有一個穩定心態對待面臨的問題。一個人心理失衡，會導致心理變態，實際上一個人無時無刻都在調整心理狀態，要自控，要平衡，不然的話，對不順心的事念念不忘，自尋煩惱，精神萎靡，消極情緒就會難以排解。一個人不能碰到一點不順心的事，一點曲折，一次失敗，就萬念俱灰，一蹶不振，似乎看破紅塵，四大皆空。其實，人的一生有痛苦也有歡樂，有春風得意，也有泥濘坎坷；酸甜苦辣，都是一份真實的體驗，少一樣都是一種缺憾，人的成長，人的發展是在痛苦和歡樂中度過的。也可以這樣說，沒有痛苦，何來歡樂。

人一生中要經歷很多，真所謂酸甜苦辣艱辛備嘗，在各種困境面前都要能夠自強不息。有人說，一個人只有三天時間，昨天，今天，明天，是不是因為明天太多，因而放鬆了今天？

事實上，人生是短暫的，在這短暫的時日裡，倘若再滋生懶惰之意，便是負了大好青春，因此我們當時常警醒自己，以防心生懶惰之意。

八、如何在生死面前超脫自我

對死亡不該有不健康或不正確的觀念，但也不該像個傻瓜一樣，對此渾然不知。每一個人都會死，所以我們更應該正視死亡。

人生自古誰無死？沒錯，有生必有死，但是在生命的最後一刻人們往往會做出不同的決定：

有的人對偶然的不幸，鬱鬱寡歡；有的人為一時的委屈，感到終生無望，甚至草草地了結了生命。

有的人嗜酒如命，縱慾無度，命喪街頭。

有的人為了金錢鋌而走險，或殺人越貨，或貪汙受賄，最終走上人民的審判台。

唉，何必呢？難道他們的生命就是消耗品？難道他們的生命就是可以在人世間分占一小片黃土？那麼，我們可以想像在生命的最後一刻，他們將會是怎樣的絕望和痛苦。

韓愈曰：「生而不淑，孰謂其壽？死而不朽，孰謂之夭？」的確，偉人離我們很遠，但他們的音容笑貌都永遠留在人們的心中。

「為了喚醒世人而選擇死」的譚嗣同在獄壁上寫了一首詩：「望門投止思張儉，忍死須臾待杜根。我自橫刀向天笑，去留肝膽兩崑崙。」在生命的最後一刻他居然還能笑看人生，這種為國富民強甘願獻身的一腔熱血將永遠彪炳史冊。

美國芝加哥自然歷史博物館研究員，動物學家卡爾·施密特，他就是一位科學的勇士。有一天，他下班後一個人在實驗室觀察一條南美洲毒蛇。猛地驚醒過來的毒蛇在他手指上咬了一口，他趕緊從傷口往外抽血，可是已經遲了，他開始感到頭暈和噁心，想打電話到救護站，偏偏電話發生了故障。他知道自己性命難保，就乾脆坐在桌子旁，記錄自己垂死時的感覺和症狀，作為他最後的「實驗報告」，作為第一手資料留給後人。他終因中毒引起腦溢血與世長辭。

為什麼他們的生命是如此的光輝耀眼呢？不用說這就是生命的選擇不一樣，它能改變你的一生，它能毀了你的前程，但它也能讓你站在科學的頂峰！它是誰，它就是「選擇生命」。

　　如何在生死面前超脫自我？對死亡不該有不健康或不正確的觀念，但也不該像個傻瓜一樣，對此渾然不知。

　　每一個人都會死，我們也許能拖延一會兒，但終究還是得赴約，這提醒我們留意我們是否能在餘生創造出更豐盛的生活品質。

　　假設你知道自己只剩下一年、二年、五年的生命，那麼會如何運用這段日子？會培養什麼樣的友誼？會去何處遊覽？會看什麼書？會多久上一次教堂？

　　英國牧師約翰·福來契是最受尊敬的聖人，在他生命的最後幾小時裡，有一個人來見他，之後這個人帶著敬畏的語氣說：「我原以為去見一位一隻腳踩在墳墓裡的人，但我見到的卻是一位一隻腳站在天堂的人！」

　　我們應該以全部的熱忱和興奮來經營一生，也該知道，有一天，這個生命必將結束。正因為我們知道它終將結束，所以，我們更應該熱愛和珍惜所擁有的每一天！

九、如何在批評面前審視自我

如果對方的批評是正確而合理的，我們就應該心悅誠服地接受，當別人把自己的錯誤羅列出來時，我想沒有一個人會感到高興，可是，也沒有一個人完美得幾乎沒有一點錯誤。如果對方的批評不合理，或者沒有在適當的時間內提出，甚或在不該提出的人面前提出，那我們就可以理直氣壯地指出這些。

大部分人對批評最直接、最自然的反應就是拒絕承認它，否定它的存在。「不！」我們會對自己大吐苦水：「我未曾遇到過，沒有粗俗無禮，也都在檢索檔案後把它復歸原位，更沒有任性而為或惹其他人生氣，為什麼他們……。」

其實即使對方批評完全不盡情理，或是我們所產生的憤慨是多麼地正當、合理，都不應該使自己的脾氣失控，如果我們想要證明自己的確是受到了莫須有的指控，那就必須使自己冷靜下來，若因一次遭人批評而扯上對方的衣領要求「討回公道」的話，絕對是個錯誤的行為。

莎士比亞所著《哈姆雷特》中有如下一段對白：「依我來看，這位女士做了太多的抗議——雖然指責她的話大多是錯誤的，而且是由於指責者的人格有所偏差。」如果我們對批評我們的人大吼大叫，並且不滿他們對我們所指控的內容，就很容易以情緒化的言辭宣洩自己的不滿，如「為什麼你不……」或「你敢說我懶惰？憑你也配！」這種態度看在其他人眼裡，還會認為我們的話可信或錯的一方不在我們嗎？

如果對方的批評是正確而合理的，我們就應該心悅誠服地接受，當別人把自己的錯誤羅列出來時，我想沒有一個人會感到高興的，可是，也沒有一個人完美得幾乎沒有一點錯誤。如果對方的批評不合理，或者沒有在適當的時間內提出，甚或在不該提出的人面前提出，那我們就可以理直氣壯地指出這些。一旦同事或上級指出我們的錯誤，那下一步該怎麼走則完全要看我們自己了，如果我們在沒有他人的協助下根本無法矯正這種狀況的話，那我們就必須尋求別人的幫助；如果解決方案完全掌握在自己手中的話（如被上級

批評為經常遲到的話，就必須每天早點起床，這完全操縱在自己手中），我們就應該瞭解這種情況並採取一切必要的步驟；如果對於該問題自己毫無辦法的話（比如說家人生病住院，自己必須親侍湯藥），則我們必須把這種情況向對方解釋清楚，並尋求對方的諒解與容忍。

如果對方的批評不公正合理，我們就必須要立刻指出此點。不過，必須要在適當的時間內，以適當的方法向適當的對象提出，不然的話，會使人誤解你不虛心、受不得正確的批評。

但是，想要做到正確面對批評並不是一件容易的事。因為，即使是意志極其堅強的人，也有可能被批評性的言論擊垮。那麼，到底如何才能戰勝「批評」的攻擊呢？祕訣是：只把它視為是針對你工作成果的評論，而絕非是針對你這個人。要知道，批評是你在學會工作的過程中無法避免的事。這種區分看上去很細微，但卻非常重要。如果你能有勇氣說：「是我做錯了」或是「我的結論不正確」，然後找到正確的方法繼續前進，那麼你以後會更加快樂、成功。有些人是如此懼怕批評和失敗，以致於終其一生都不敢有所作為，最終一無所獲。接受這個現實吧，在你成長的過程中，批評是不可避免的，它將對你事業的發展大有裨益。這樣一想，以後再面對批評時，你是不是坦然輕鬆了許多。

十、如何在誘惑面前留住自我

人生活的目的在於設法得到歡樂，避免痛苦；但有時必須暫時忍受眼前的權勢和利益的誘惑，以使之後得到更大的、長久的利益和舒適。

在每個人成長的過程中，總是會碰到各式各樣的誘惑，人類區別於動物的一個基本特徵是人有自制力，自制力就是抵制誘惑的防線，也是良知與理智的監督員。它能約束和督促個人，不做想做卻不該做的事，做該做而不想做的事。那麼自制力從何而來呢？它不是天生的，是個人在抵制一次次誘惑的過程中磨練出來的。

人生活的目的在於設法得到歡樂，避免痛苦；但是有時必須暫時忍受眼前的權勢和利益的誘惑，以使之後得到更大的、長久的利益和舒適。

印度的安陀國，有一個年青的小沙彌，每天他都和師父外出托缽乞食。小沙彌年紀雖輕，但他有高尚的志願，他能守著淡泊的生活，他的戒行是清淨的，他的威儀是莊嚴的。

一次，師父不在家，他就一個人獨自去乞食。他走到每天經過的街道，看見一個姑娘在門邊站著，這個姑娘是等他來乞食的，這是每天的慣例。

今天，他又到了這一家，正巧這人家的父母出外不在家。姑娘平日對小沙彌是恭敬的，但因為小沙彌的儀容英俊異常，漸漸地由敬生愛了，她暗戀小沙彌已經很久了。

父母不在家，姑娘的鼓起勇氣，這時她的感情已到了無法控制的時候了，她先很有禮貌地請小沙彌進屋裡，後來，她就向小沙彌展開愛情的攻勢，她用甜言蜜語挑逗他，用手撫摸他，想誘惑對方投進自己的懷抱。

心性純潔的小沙彌知道少女的企圖後，他就堅定主張，不為這花容月貌所動，他想他是已經受過沙彌十戒的佛家弟子了，為了佛法不能毀去戒體，他就不理睬她。最後，這位姑娘終於死了心，放他離去。

著名的遠華走私集團頭子賴昌星對自己創下震驚中外的走私腐敗案，有極其「精闢論述」：制度、條例再多再好也不怕，最怕的是主管沒有喜好。

只要有「喜好」的，不愁沒有辦法拖你下水，為其所用；屢次送錢送物並誘之以美色，使胡長清走上不歸路的「鐵哥們兒」周震華，對他和胡長清的關係也有一個絕妙的表白：「游魚貪食，釣者誘之；人則皆魚，我則釣之」──周震華的「釣官心得」，不僅揭示了貪官們貪得無厭的「廬山真面目」，同時也暴露了不法奸商的醜惡嘴臉。

對那些商人「朋友」帶來的切膚之痛，貪官李紀周體會頗深：「整天和商人老闆，特別是那些懷著不可告人目的的不法商人攪在一起，他們總會千方百計、不擇手段地向你進攻，一不小心就會掉進他們的陷阱之中。」更有一些女人，在她們的意識中，不以出賣自己的色相肉體為恥，反以能攀上一個有錢人或高官為榮，湛江海關前關長曹秀康案中的張漪，成克傑案中的李平就屬於此類。問題的關鍵在於，面對誘惑，我們應當怎麼辦。

社會應該有秩序，人際關係也應該有準則。我們終究是理智的，我們必須為自己的行為承擔責任，所以，在面對這些誘惑的時候，首先應該明白這將為我們帶來什麼。誘惑不是機會，誘惑總是虛幻的，是抓不住的。

面對誘惑只要時時處處自省、自警、自勉、自勵，沒有遲疑，堅持自己的原則，就不會做出違法、違規、違心的事。

十一、如何在誤會中冷靜自我

在遇到委屈、被人誤解的情況下，最好的辦法還是讓事實說話，讓時間說話。相信經過時間的長期檢驗，誤解過他人的人，終將被其高尚的人格魅力和事實所感化。

人生在世，不管遇到什麼樣的誤會，都要保持平常心。平常心的最高境界，可以概括為三句話：一是遇到好事不失態，做到得意淡然；二是遇到挫折不沮喪，做到失意泰然；三是遇到委屈不動怒，做到以德報怨。

美國西點軍校的招生廣告上有句話：「西點軍校的別名——委屈學校」。這所著名軍校開設的基礎課中，專設有一門「委屈學概論」。在西點軍人看來，能夠經受得住失敗、委屈是邁向成功的第一步。

山上寺院裡，一位年輕的法師下山去辦事，路過山下的小河邊，看見河邊大樹下的草叢裡，有一把倒放的紅雨傘，傘裡有一包裹在蠕動。法師一看，原來是一個出生不久的嬰兒，黑黑的眼睛，紅紅的臉。出於惻隱惜弱之心，他走過去拿開壓在孩子包被上的小礫石，下面一張紙條寫著小孩的生辰八字，法師看了紙條，知道這可憐的孩子出生才十個月，卻不知為什麼被父母遺棄？法師慈悲憐憫之心使他顧不得多想，他小心翼翼地抱起嬰兒，也不下山去辦事了，徑直到寺院向老住持報告了這件事。老住持招大眾商量，在沒有辦法的情況下，把孩子暫時寄養在寺院。就這樣用米湯與奶粉餵養了嬰兒三天。

這天，從山下上來三個女施主，一位是因她女兒出走一年多一直沒有消息的母親，為女兒的突然回來祈福，求佛幫她女兒消災免難的。第二位是代她白髮老母為弟弟在外做生意發了財來謝菩薩的。只有第三位是虔心來拜佛的。這三個人進了寺院，先去燒香，上供品，而後坐定休息，以消除剛才上山時的疲勞。

剛一坐下，突然聽到一陣嬰兒哭聲，三個人便悄悄議論起來。在寺院從未聽過嬰兒聲，第一個施主便說：「大概是哪個小和尚的私生子吧？」另一個說：「要麼是老和尚為了延年益壽請來的奶媽住在這裡供奶，把孩子也帶

來了。」只有第三個施主說：「罪過！罪過！千萬不能亂講師父的壞話。阿彌陀佛！這肯定是法師們從哪兒為救苦救難搭救出的嬰兒吧。」正在輕輕議論間，山門外大道上又進來一男一女二個年輕人，他們一到大殿，倒頭就拜，先拜佛，然後轉身上前給師父們磕頭頂禮，硬要塞一個紅包，師父們不要，他們說全靠師父們照顧了他們特意放在河邊的孩子，大家都被這二個人搞糊塗了。

這時，那三位女施主起身抬起頭，她們的視線與這對男女青年的視線碰在了一起，頓時，第一位、第二位女施主驚呆了，站在那裡半天說不出話來。原來，剛進來的女青年就是第一位女施主的女兒，因母親不同意她的婚事，一氣之下，與在外做生意的男朋友私奔，離家出走，三天前才回來。而那男青年即是女青年的丈夫，又是第二位女施主的弟弟，在外做生意幾年，發了財後與女青年結了婚，生了孩子，怕雙方父母不同意，就把孩子暫放在河邊，看著師父抱走才離開。前二位施主這時恨不得找個地洞鑽下去，真是又悔又恨又高興。高興的是家裡添丁加人，悔恨的是自己以小人之心度君子之腹，為自己剛才誤會寺院的法師而羞愧，在佛前不停地懺悔著。只有第三位施主仍在心中平靜地唸佛。

我們不得不承認，被人誤解的確是令人痛苦的事。要將這種痛苦最大限度地減輕，或者乾脆沒有感覺，非提倡「以君子之心度小人之腹」不可。如果是第三者轉告你的，你不妨當作是他搞錯了意思，別人根本就不可能這麼說。如果是你當面聽到的，這倒似乎真有點難了，但其實這也難不倒你，你大可當他是表達錯了意思，或者是一時失去理性，看不清事實。

這樣做至少有二個好處，一則可免去自己的苦痛，集中精力做該做的事；二則也可以減輕他人的不安，有利於消除誤會。人生就那麼短短幾十年，該做且值得做的事有好多好多，我們不可能不食人間煙火、遠離「煩」塵，但當我們面對俗事的時候大可以灑脫一些，飄逸一些，輕描淡寫一些。哲人們警告我們「世態炎涼，人心險惡」的同時，不也勸告我們要「寬以待人，嚴以律己」嗎？何況這世界產生誤會的機率遠遠大於險惡的用心。

人們常說要任勞任怨，其實，任勞容易任怨難；忍辱負重、以德報怨就更不是一件簡單的事情。在遇到委屈、被人誤解的情況下，最好的辦法還是讓事實說話，讓時間說話。相信經過時間的長期檢驗，誤解過他人的人終將被其高尚的人格魅力和事實所感化。事實上，人海茫茫，大家能夠在一起工作，是一種緣分，因此要學會關愛他人，而其中的關鍵是做到「三多」、「三不」：多記他人的好處，多看他人的長處，多想他人的難處；不自私，不猜疑，不嫉妒。這樣才能戒相輕為相敬，化誤解為諒解，變挑剔為寬容。

十二、如何在飲食中控制自我

善養者以節食為原則，應當能蔬食淡菜，則腸胃清虛，無滓不穢，便可以養神。以自然之道，養自然之身，注意飲食節制，生命的品質方可提升，無疾者方可長壽無恙矣。

西方哲人曾說：「我們的身體要過著一種有規則的、有節制的生活，方能保持健康精壯。」不要以為這是隨口之言。節制的生活最為重要的內容便是節食。大科學家富蘭克林認為，「飲食節制常常使人頭腦清醒，思想敏捷」。

中國古代大醫藥家孫思邈以他幾十年的研究成果，論證了「蓋飽則傷肺，飢則傷氣，鹹則傷筋，酸則傷骨」之說。他一再強調不節食的傷身問題，總結出「人常不饑不飽，不寒不熱，善。」維繫生命之源就是飲食，而古今中外都倡導節食有利身體健康，但不聽規勸者大有人在，尤其是當今物質生活達到了一定水準後，許多人便忘乎所以，認為「人在世上走，大吃大喝盡享受」。於是置身體於不顧，沉湎於花天酒地，敞開胃口猛吃狂喝，飲無規律，食無節制。更有甚者，以不吃白不吃為宗旨，「吃喝日當午，酒滴肉下肚，誰的盤中餐，頓頓皆不漏」，昏昏常醉，上吐下瀉，把一生獻給了豪飲暴食，正如李時珍所曰「飲食不節，殺人頃刻」。暴飲暴食者十個出來個個皆是傷胃疾病患者，他們當中因飲食不節而死者屢見不鮮。

現代社會物質文明中食文化更為豐盛，溫飽已不再是企求。但這不愁吃不愁穿的年代，「富貴病」卻日漸增多，高血脂、高血壓、肥胖症、心腦血管硬化等皆呈上升趨勢。

過猶不及。善養者以節食為原則，應當能蔬食淡菜，則腸胃清虛，無滓不穢，便可以養神。

以自然之道，養自然之身，注意飲食節制，生命的品質方可提升，無疾者方可長壽無恙矣。

那麼該如何在飲食中控制自己？牢記以下四十條健康飲食原則。

（一）就餐姿勢須正確：進餐時要端正坐姿，做到不壓胃。

（二）間隔時間要適宜：通常二次進餐間隔以四～六小時為宜。

（三）盡可能不餓極時進食。

（四）不要吃得太多。如先吃喜愛的食物，情緒上的滿足會使你較快地產生飽脹感，從而避免飲食過量。

（五）細嚼慢嚥。

（六）膳後莫用腦。進食後，胃部消化需要集中血液。聽聽輕音樂，休息一會兒最為合適。

（七）晚餐不宜過量。

（八）用餐時不談與吃飯無關的事。

（九）一日三餐應注意營養搭配，避免重複。

（十）保證吃好早餐。

（十一）早餐宜吃熱食。熱食能提高體溫，促進轉換，且能增進食慾。

（十二）飯後宜喝點茶。

（十三）飯後適當運動，可防止發胖。

（十四）晚上不宜喝冷飲，若晚上七時之後喝冷飲，會由於水分代謝慢而積存體內，降低體溫，將會不易消除疲勞。

（十五）晚餐要有所節制。

（十六）睡前不要吃東西。

（十七）吃過油膩的東西之後勿吃甜點。

（十八）吃過油膩的東西後宜喝咖啡和茶：茶和咖啡含咖啡因，能促進脂肪代謝。

（十九）多些創新口味。

（二十）食鹽不宜過多。

（二十一）多吃些顏色深的蔬菜。

（二十二）小孩食譜不應與大人一樣，特別要注意補充有利於身體成長的營養素。

（二十三）不可挑食、偏食。

（二十四）不可長期進食植物油。

（二十五）不要怕吃菜渣，纖維質能促進大腸蠕動，排除有害物質，預防腸癌。

（二十六）就餐時可聽聽優雅的音樂。

（二十七）經常改變飲食方式。

（二十八）不宜一邊看電視（或看報）一邊進食。

（二十九）飲食時要寬懷，發怒、緊張、哀傷、憂慮，都會減弱消化吸收功能，也會影響味覺。

（三十）共食比獨食好。

（三十一）鈣質最好與醋一起攝取：醋能把鈣質離子化，易於人體吸收。吃魚類、骨類食品最好用醋烹製。

（三十二）每天一定要吃一次纖維食品：人體攝取了多餘的脂肪和蛋白質，與大腸桿菌作用，會變成有害物質，纖維質可包圍有害物質並排泄掉。

（三十三）喝酒前吃點東西：空腹喝酒，肝臟負擔大。

（三十四）體虛者可多吃肉：因肉類蛋白質多，可增強體質。

（三十五）盡可能吃較硬的食物：吃硬的食物能有效鍛鍊牙齦及下顎肌肉，還能促進消化液分泌。

（三十六）盡量避開噪音。

（三十七）不要站立進食。

（三十八）不可吃燙食。

（三十九）依照自己的速度進餐。

（四十）不要食用太多的調味品，如胡椒、桂皮、丁香、小茴香等。

十三、如何在恐懼面前鎮住自我

恐懼心理的產生與過去的心理感受和親身體驗有關,也與人的個性有關。通常從小就害羞、膽量小,長大之後也不善交際,孤獨、內向的人易產生恐懼感。

所謂恐懼心理,是在真實或想像的危險中,個人或群體深刻感受到的一種強烈而壓抑的情感狀態。其表現為:精神高度緊張,內心充滿害怕,注意力無法集中,腦子裡一片空白,不能正確判斷或控制自己的舉止,變得容易衝動。

恐懼心理的產生與過去的心理感受和親身體驗有關。俗話說:「一朝被蛇咬,十年怕草繩。」有的人在過去受過某種刺激,大腦中形成了一個興奮點,當再遇到同樣的情景時,過去的經驗被喚起,就會產生恐懼感。恐懼心理還與人的個性有關,通常從小就害羞、膽量小,長大之後也不善交際,孤獨、內向的人易產生恐懼感。

如何才能克服恐懼心理呢?主要是透過提高對事物的認知能力,擴大認知視野,判定恐懼源。認識客觀世界的某些規律,認識人自身的需要和客觀規律之間的關係,確立正確的目標判斷,提高預見力,對可能發生的各種變化做好充分的思想準備,就會增強心理承受能力。其次,要培養樂觀的人生情趣和堅強的意志,透過學習英雄人物的事蹟,用英雄人物勇敢頑強的精神激勵自己的勇氣。在平時的訓練和生活中有意識地在艱苦的環境下磨練自己,培養勇敢頑強的作風。這樣,即使真正陷入危險情境,也不會一時就變得驚慌失措,而是沉著冷靜,機智應對。

另外,平時應積極加強心理訓練,提高各項心態。比如:進行模擬訓練危險情境,設置各種可能遇到的情況,進行有針對性的心理訓練,形成對危險情境的預期心理準備狀態,就能夠有效地戰勝緊張和不安等不良情緒,提高心理適應和平衡性,增強信心和勇氣,以無畏的精神克服恐懼心理。

此外，恐懼心理也可以透過自我調適，自已進行訓練來幫助克服。具體方法如下：

第一步：把能引起你緊張、恐懼的各種場面，按由輕到重依次列成表（越具體、詳細越好），分別抄到不同的卡片上，把最不令你恐懼的場面放在最前面，把最令你恐懼的放在最後面，卡片依照順序依次排列好。

第二步：進行鬆弛訓練。方法為坐在一個舒服的座位上，有規律地深呼吸，讓全身放鬆。進入鬆弛狀態後，拿出上述系列卡片的第一張，想像上面的情景，想像得越逼真、越鮮明越好。

第三步：如果你覺得有點不安、緊張和害怕，就停下來不再想像，做深呼吸使自己再度鬆弛下來。完全鬆弛後，重新想像剛才失敗的情景。若不安和緊張再次發生，就再停止後放鬆，如此反覆，直到卡片上的情景不會再使你不安和緊張為止。

第四步：依照同樣方法繼續下一個更使你恐懼的場面（下一張卡片）。注意，每進入下一張卡片的想像，都要以你在想像上一張卡片時不再感到不安和緊張為標準，否則，不得進入下一個階段。

第五步：當你想像最令你恐懼的場面也不感到恐懼時，便可再依照由輕至重的順序進行現場鍛鍊，若在現場出現不安和緊張，亦同樣讓自己做深呼吸放鬆來對抗，直到不再恐懼、緊張為止。

十四、如何在不遇之時正視自我

懷才的人雖然有不遇的時候，但只要是金子，總會發光的。

有才者也許沒有什麼職業缺陷，但有時也會遇到自己無法抗拒的客觀情況，導致有才者展才無門，施才無路。懷才的人雖然有不遇的時候，但只要是金子，總會發光的。

真正有才者，是不會始終不遇的。

作為職場中人，如果覺得自己真是懷才不遇，那麼不是別的問題，根本問題還是在自己，自己的問題一般有下列三種情形：

一是才藝不夠精，即才的成色不足。不患別人不知己，就患技不如人。自認為自己才華出眾，才高八斗，其實還差得遠，真要給些實際問題，還真解決不了。許多出校門不久的學生常會碰見這樣的問題，總認為主管不重視自己，很想一展身手，然而一旦公司交付一些任務時就會出現二種心理狀態：一是手足無措，不知道該如何做；二是盲目認為該怎麼做，結果一做就錯，這是因為這些才還不足以解決實際問題。

二是不具備才能發揮的要素，大致有三方面情形：第一，德不足。「德，才之資也」，德是才的資本，厚德方能載物，如果只有才而缺德，才是很難發揮出優勢的；第二，人際關係緊張，導致讓自己才能發揮作用的成本非常高；第三，自己與環境文化無法融合，導致自己與公司不合拍。與公司文化對抗，失敗的肯定是自己，這不僅僅是能力發揮大小的問題，而是自己能否適應和生存下來的問題；第四，身體健康的原因。

三是自己的才無法與時俱進。這個時代變化太快了，知識更新和科技更新都非常之快，一個人自己過去掌握的熟練技能，很可能轉眼之間就無用武之地，而自己還渾然不覺，還到處炫耀自己的才技，還酸腐地自稱懷才不遇。因此作為職場中人，學習是非常必要的，只有持續性地學習新知識、掌握新技能，才能永保自己的才華青春。

我們一般人都是越年輕時越感覺自己懷才不遇，大材小用，甚至是有才無用。但隨著年齡的增長而能力一步步增強時，反而越感覺到自己的能力有限，這就是人們常說的「不當皇帝不知道自己的能力小」。

　　相對於渺茫的大千世界，人類的知識還是非常有限的，一個人又能知道多少呢？至多是滄海一粟吧。相對於古往今來的萬千社會，個人能力只能是螻蟻之力。而螞蟻之所以能撼動大樹，那是團結的力量，更是集體的智慧，同時也是外部環境為之創造了機會，找到了抬起地球的支點。所以懷才不遇者，只不過是自己把螻蟻之力自我放大為抬起世界支點的力量，於是表現為目空一切，等在現實面前碰了釘子後，又消極處世，自己將自己淪落為「懷才不遇者」。

十五、如何在不滿當中充實自我

人活在世上，就是圖個樂，只有快樂，我們活著才有價值、有意義，因為快樂才是生活的真諦！既然如此，我們還有什麼理由對生活抱不滿的態度呢？

人生百年，不如意事，十常八九。所謂人比人氣死人，涉及到名譽、地位、錢財，人與人之間實在沒有多大的可比性。這倒不是說自己一定比別人差多少，而是機會這東西總是偏心。

有的人官運亨通、財源滾滾、美人簇擁、寶馬香車，諸多好事得來全不費工夫；輪到自己就不同了，千辛萬苦，百般努力，可是「好事」總和你「捉迷藏」，可望而不可及。每當此時怎麼辦？怨天尤人？沒用；抱怨命運不公？也無濟於事，於事無補；鬧事罵街？也只能丟人現眼。最好的辦法還是有一點「阿Q精神」，權且把沒有吃到的葡萄理解成是酸的，不吃也罷。

如何消除不滿的心理呢，那便是知足常樂。所謂知足者常樂。滿足於現狀，對於個人來說，並不一定就是不思進取。「君子有所為，有所不為。」對於事業我們應該孜孜以求，而對於那些名利之事，我們大可不必計較，還是隨遇而安的好。有的人錢多了不知該怎麼花，而對於相當多的老百姓來說，每一分錢都來之不易。怎麼辦？「紅眼病」是萬萬不可取。錢多了還容易遭賊惦記——你若能這樣想，心態不就平穩了？你開車是神氣，可是過不了十年充其量也不過廢鐵一堆；騎自行車上下班，累是累，可是一來安全，二來還符合環保要求，更重要的是鍛鍊了身體。千金難買好身體，何樂而不為呀？

既然葡萄吃不著，著急上火也無濟於事，姑且把它想像成是酸的，沒吃著也免去牙酸之苦，損失不了什麼。人生就是煉獄，磨難不計其數，要想活得瀟灑些，就必須學會自己安慰自己，正所謂心底無私天地寬，凡事只要想開了，就不會有什麼大不了的事來折磨你。

如果想要心情好，就得學會自己欣賞自己。現在大家都比較關注自己的生活品質，然而，生活品質的好壞，並不全在於物質方面，更多的還在於自

己的心情好壞。一個人成天為了一點蠅頭小利而苦惱，即便擁有金山銀山，生活品質也好不到哪裡去。做人更多的應該是關注自己的內在修養，不要跟人家比肚子裡的油水，而是要比肚子裡的墨水。知識才是無價的。任何功名利祿都無法與知識同日而語。此話並非說世人不應該去追求物質生活，而是不要被經濟利益所困，讓「孔方兄」擋住了自己的視野。

葡萄是酸的——這只是對於大多數沒能吃到葡萄的人而言，至於那些吃著葡萄的人，也不用太得意，用「吃不到葡萄說葡萄是酸的」之類的話來挖苦人。所謂風水輪流轉，得逞於一時並不一定能得意於一世。大家都應把功名利祿看得淡一點，知足者常樂，做一個樂觀向上之人，於己、於人、於社會都有益處。

我們常常對自己的境遇感到不滿，認為自己不如某某人。這樣，我們就會被各種事情搞得心煩意亂，甚至壓力重重。

一切都源於我們對生活不知足。

也許，我們覺得自己的職位不高，而去努力工作；也許，我們在為自己的積蓄太少而去拚命賺錢；也許，我們認為自己的居住條件不好，而去爭取過得好一些。

也許，當這一切都實現後，又感到不滿，繼續去努力獲得一些更好的東西。

當一切結束時，我們會嘆息，為了生活得好一些，我們拚搏了一輩子，可是到最後，我們並沒有享受到我們的成就。想想看，那時你會多後悔？

這一切都源於我們對生活不知足。

上帝來到一個窮人家，見他家裡什麼都沒有，吃飯都成問題。可是，孩子們卻十分高興，那個窮人也並不因家境貧寒而悶悶不樂。上帝問：「你們這麼窮，為何還這麼高興？」

那窮人回答：「我們窮嗎？我們只是沒有錢而已。」

窮人的回答震撼了上帝。

想想看，人生在世，為的就是活得幸福快樂，而這一切來自於什麼？知足。

　　知足者常樂，這句話甚有道理。

　　當我們因不知足而去努力獲取我們想要得到的東西時，我們是否應該想一想，我們的努力是否有必要。

　　在此並非指責一些不懈拚搏的人，我們所提倡的是一個人應該懂得知足，從中得到快樂，讓自己活得更輕鬆，更有意義。

　　知足便能消除不滿之心。知足者常樂，我們要學會知足，不要一味地貪婪我們認為有價值的一切，那樣只會讓我們身心疲憊。

　　人活在世上，就是圖個樂，只有快樂，我們活著才有價值，有意義，因為快樂才是生活的真諦！既然如此，我們還有什麼理由對生活抱不滿的態度呢？

十六、如何在競爭面前發揮自我

正確的競爭是既要竭力爭取自己的利益，又不忘記大家的利益；既要自己生活得好一點，又不能讓別人活不下去；既要努力達到自己的目標，又要學會寬容、妥協、讓步。

市場經濟就是競爭的體制，因此競爭本身就具有了客觀存在性，它無法避免，所以我們要以正確的心態去面對競爭。

競爭不是空想家構想的美妙篇章，也不是賭徒只重結果的孤注一擲。競爭是一個實踐過程，而不是一個結果。真正的競爭者總是面對現實的，強調過程而不只著眼於一個結果。只要是真心地去努力過，又何必在乎其成與敗呢？

剛走出校門、家門，尚未經歷風雨的年輕人，躲避競爭已成為一種本能的反應，傳統懶散的浪漫成為美妙的藉口。但真正的競爭者卻要勇於打開自己羞怯的心扉，不要怕失敗，不要怕被人恥笑，固有的面子問題已不重要。

競爭是一種促進創造的機制，競爭總會帶來失敗和挫折。在競爭中我們要做到勝不驕，敗不餒。競爭失敗是因為我們的努力不夠，還需要進一步學習，提高自己的適應能力和競爭能力。如果競爭成功，也不要慶幸和驕傲，還需要進一步努力，爭取更大的勝利。

而且任何事情都是不斷發展變化的，這次競爭失敗並不代表永遠失敗，我們沒有理由因為一次競爭失利就輕易地否定自己，就害怕再去面對競爭。下一次競爭的勝利者說不定就是你自己，所以要正確平和地看待競爭。

從另一方面來說，雖然競爭是殘酷的，競爭不同情弱者，但也並不是指競爭就意味著「你死我活」、「有我無你」，更不應該是「兩敗俱傷」、「同歸於盡」的結局。

正確的競爭心態是既要竭力爭取自己的利益，又不忘記大家的利益；既要自己生活得好一點，又不能讓別人活不下去；既要努力達到自己的目的，又要學會寬容、妥協、讓步。

事實證明，積極的心態有助於良性競爭，那麼在競爭時，到底應該具有什麼樣的態度呢？我們知道，有競爭，就會有輸贏，就會產生成功者和失敗者。試想，一個人不承受多次失敗，缺少不甘落後的進取精神，沒有頑強的毅力和百折不撓的氣概，缺乏良好的心理承受能力，很難想像他會獲得成功。

因此，要正確地評價自己，對自己要有一個客觀、恰如其分的評估，努力縮小「理想我」與「現實我」的差距。在制定目標時，既不好高騖遠，又不妄自菲薄，要把長遠目標和近期目標統一起來，腳踏實地，一步一腳印地做起，有助於早日接近成功，而且在競爭中還須善於審時度勢，揚長避短，轉移自己與別人的競爭方向。具體說來，面對競爭可以這樣做：

‧展示自己優秀的一面去努力爭取

若想在競爭中取勝，只有依靠自身的實力，比如：你是否有良好的溝通能力？有沒有團隊精神？社交能力是否出色？是否知道編織自己的人際關係網等等。當然，你所擁有的這些一定要是對手所沒有的，這樣才能展現你的優勢。

‧避免正面衝突，巧妙地表現自己

正面與競爭對手起衝突對自己沒有任何好處，而巧妙地避其鋒芒則不然。面對競爭對手時，自己要能避免與其正面對抗，這對自己有很多好處：

（一）面對對手咄咄逼人之勢能保持冷靜，這會顯出你的理智和遇事不亂的大將風度。

（二）冷淡對手的攻擊也許會給人造成軟弱可欺的印象，但這只是暫時的，在那些能夠慧眼識金的上司眼裡，對手的尖刻恰恰從側面反襯出你的大度。

（三）以委婉又不卑不亢的態度化解與對手的正面衝突，顯示了你有極強的處理突發事件的應變能力。

（四）面對對手的挑釁言行要保持冷靜，也要檢討自己的所作所為是否給對手帶來了挑起爭端的機會，否則事發後你將處於被動地位，小心行事與適度的沉默會為你省去許多麻煩和尷尬。

．擁有一顆寬容的心

與競爭對手爭個你死我活其實並沒有多大意思，大家在同一個公司裡工作，平時低頭不見抬頭見，勝敗分得太明瞭，不利於雙方的關係協調，所以試著讓自己寬容地去理解別人，無論勝敗你都是「贏家」。

其實職場中的人際關係就是這樣，走到哪裡都不會永遠公平，但是不居要職的你沒有生殺大權，在這個「是非之地」，如果不遵守其中的遊戲規則，那麼當裁判員的哨聲吹響時，第一個被淘汰出局的人也許就是你。

所以，理解、包容自己的對手，看淡結果的得與失，你的心就會因為這份平和而充滿寧靜與寬容。這樣，在面對競爭對手的時候，你也就可以微笑著迎接挑戰，勝利地贏得輝煌；就算失敗，也同樣美麗。這世界本來就已經太累人了，再去斤斤計較，自己的心態就更無法平靜了。只要自己能做到工作認真負責、人際關係和諧，無愧於心，那麼你就更不必與別人斤斤計較了，你已用自己的行動證明了你自己本身就是最好的。

十七、如何從憤怒中平息自我

極端憤怒是精神錯亂——每當你無法控制自己的行為時，你便有些精神錯亂。因此，每當你氣得失去理智時，你便暫時處於精神錯亂的狀態。

動輒憤怒是很多人的習性，這有礙於辦成事、做大事。

我們每個人都避免不了動怒，憤怒情緒也是人生的一大錯誤，是一種心理病毒；它與其他病一樣，可以使你重病纏身，一蹶不振。也許你會說：「是的，我也明知自己不該發怒，但就是控制不住自己」。若你是一個欲成大事者，你就應該注意，能不能消除憤怒情緒與你的情緒控制能力有關。

其實，並非人人都會不時地表露自己的憤怒情緒，憤怒這一習慣行為可能連你自己也不喜歡，更不用說他人感覺如何了。因此，你大可不必對它留戀不捨，它不能幫助你解決任何問題。任何一個精神愉快、有所作為的人都不會讓它跟隨自己。

憤怒既是你做出的選擇，也是一種習慣，它是你經歷挫折的一種後天性反應。你以自己所不欣賞的方式消極地對待與你的願望不相一致的現實。事實上，極端憤怒是精神錯亂——每當你無法控制自己的行為時，你便有些精神錯亂。因此，每當你氣得失去理智時，你便暫時處於精神錯亂狀態。

與其他所有情感一樣，憤怒是大腦思維後產生的一種結果，它不會無緣無故地產生。當你遇到不合意願的事情時，就告訴自己：事情不應該這樣或那樣，於是你感到沮喪、灰心；然後，你便會做出自己所熟悉的憤怒反應，因為你認為這樣可以解決問題。只要你認為憤怒是人的本性之一部分，就總有理由接受憤怒情緒而不去改正。但只要你不去改正，你的憤怒情緒將會阻止你做好事情。

成大事者是不會被憤怒情緒所左右的。生活中有許多這樣的例子，能壓下怒火的就成功，而憑著這一怒之氣行事的則大多失敗了。發怒，完全是一種可以消除與避免的行為，只要好好地把握自己，你就可以讓自己走出這一錯誤。當然，你需要選擇很多新的思維方式，並且需要逐步實現。每當你遇

到使你憤怒的人或事時，要意識到你對自己說的話，然後努力用思維控制自己，從而使自己對這些人或事有新的看法，並做出積極的反應。

下面是消除憤怒情緒的若干具體方法。

（一）當你憤怒時，首先冷靜地思考，提醒自己不能因為過去一直消極地看待事物，現在也必須如此，自我意識是至關重要的。

（二）當你想用憤怒情緒教育孩子時，可以假裝動怒：提高嗓門或板起面孔，但千萬不要真的動怒，不要以憤怒所帶來的生理與心理痛苦來折磨自己。

（三）不要欺騙自己。你可以討厭某件事，但你不必因此而生氣。

（四）當你發怒時，提醒自己，人人都有權根據自己的選擇來行事，如果一味禁止別人這樣做，只會延長你的憤怒。你要學會允許別人選擇其言行，就像你堅持自己的言行一樣。

（五）請可信賴的人幫助你。讓他們每當看見你動怒時，便提醒你。你接到信號之後，可以想想看你在幹什麼，然後努力推遲動怒。

（六）在大發脾氣之後，大聲宣布你又做了件錯事，現在你決心採取新的思維方式，今後不再動怒。這一聲明會使你對自己的言行負責，並表明你是真心實意地改正這一錯誤。

（七）當你要動怒時，盡量靠近你所愛的人。

（八）當你不生氣時，與那些經常受你氣的人談談心，互相指出對方最容易使人動怒的那些言行，然後商量一種辦法，平氣靜心地交流看法。比如可以寫信、由中間人傳話或一起去散步等，這樣你們便不會以憤怒相待。其實，只要在一起多散幾次步，你便會懂得發怒的荒謬了。

（九）當你要動怒時，花幾秒鐘冷靜地描述一下你的感覺和對方的感覺，以此來消氣。最初十秒鐘是至關重要的，一旦你熬過這十秒鐘，憤怒便會逐漸消失。

（十）不要總是對別人抱有期望。只要沒有這種期望，憤怒也就不復存在了。

（十一）在遇到挫折時，不要屈服於挫折，應當接受逆境的挑戰，這樣你便沒有空閒來動怒了。

憤怒沒有任何好處，它只會妨礙你的生活。與其他所有錯誤一樣，憤怒使你以別人的言行確定自己的情緒。現在，你可以不去理會別人的言行，大膽選擇精神愉快——而不是憤怒。總之，你應當提高自己控制憤怒情緒的能力，時時提醒自己，有意識地控制自己情緒的波動。千萬別動不動就指責別人，喜怒無常，改掉這些壞毛病，努力使自己成為一個容易接受別人和被人接受，性格隨和的人。只有這樣的人才能成大事。

十八、如何在浮躁中把住自我

當你控制了浮躁，你才會吃得起成功路上的苦；才會有耐心與毅力一步一腳印地向前邁進；才不會因為各式各樣的誘惑而迷失方向；才會制定一個接一個的小目標，然後一個接一個地達到它，最後走向大目標。

凡是成大事者，都力戒「浮躁」二字，希望透過自己踏踏實實的行動換來成功的人生局面。

同樣地，任何一位試圖成大事的人都要抑制住浮躁的心態，專心做事，才能達到自己的目標。

一個人為什麼會精神失常？恐怕至今沒有人知道全部的答案。據醫學專家和心理學家的觀點，大多數情況很可能是由於浮躁或憂慮造成的。那些焦慮和煩躁不安的人，多半無法適應現實的世界，而跟周圍的環境脫離了所有的關係，退縮到自己的夢想世界，以此來解脫自己心中的憂慮。所以成大事者首先應克服的就是自己的浮躁情緒。

事情往往就是這樣，你越著急，就越不會成功。因為著急會使你失去清醒的頭腦，結果在你奮鬥的過程中，浮躁占據著你的思維，使你無法正確地制定方針、策略以穩步前進。

只有正確地認識自己，才不會盲目地讓自己奔向一個超出自己能力範圍的目標，而是踏踏實實地去做自己能夠做的事情。

當目標確定，你就不能性急，而要一步一腳印地來。

如果能稍稍收斂浮躁的心態，使它變成一種渴望，一種對成功的渴望，那麼，這種浮躁就是有用的，而你也必定能帶著它走向成功。

當你控制了浮躁，你才會吃得起成功路上的苦；才會有耐心與毅力一步一腳印地向前邁進；才不會因為各式各樣的誘惑而迷失方向；才會制定一個接一個的小目標，然後一個接一個地達到它，最後走向大目標。

要抑制住浮躁的心態，你需要做到以下幾點：

不可好高騖遠

好高騖遠，指那種不切實際地追求過高或過遠目標的心態。好高騖遠者往往總盯著很多很遠的目標，大事做不來，小事又不做，最終空懷奇想，落空而歸。一個人能力有大小，要根據能力大小去做，去確定目標，去確立志向。如果客觀條件不允許，那麼，自己就該實事求是，確定出適合的發展目標。否則一味追求高遠，不考慮可行性，就永遠也不可能成功。

不必心煩意亂

現實生活中充滿了各種機會，個人發展有了相當的自由，這一切刺激了人們的成就欲望和積極性，很多人都希望自己有一番大的作為。但是，機會與自由並不意味著成功，每一個機會，事實上都是一種挑戰。同時，選擇一種機會必須以放棄另外一些機會為代價。雖然社會為個體發展提供了各式多樣的可能性，但具體到每一個人的身上，其發展的可能性是很有限的，這就需要我們正確地理解、選擇和把握機會。但是，不少人並不理解機會的全部真實含義，他們什麼都想要，卻對什麼都不做踏實的準備，表現出強烈的投機心理。

可惜的是，一些投機者在受挫之後，並不吸取教訓，不反省自己的失誤，不去彌補自己見識、能力和毅力上之不足，而是或者心煩意亂，繼續在精彩與無奈的循環中掙扎，或者憤憤不平，責怪社會的不公平與命運的不濟，有些人甚至以一種「輸紅了眼」的面目出現，破罐破摔。

當然，當代的「煩人」並不都是投機者。一些人的「煩」是一種現代文明病，是抒情的思想、浪漫的夢幻和溫和的心境被無情的、變化的現實打碎之後，而產生的一種憤世嫉俗、走投無路的情緒狀態。這種人無法控制自我，心緒不寧，難以成事。

無論做什麼事，心煩意亂之下是難有所作為的。為了不煩，我們還得耐心一些，靜下心來，正確地認識自己，冷靜地把握機會，以長遠的眼光選擇適合自己的目標和道路。只有如此，我們才能踏踏實實地做好每一件事，成就自己的事業。

十九、如何在罪惡面前鉗住自我

「種瓜得瓜，種豆得豆」，在日常生活中，我們應該努力多行善事，不做惡事，做到「不以善小而不為，不以惡小而為之」。

正所謂「種瓜得瓜，種豆得豆」，在日常生活中，我們應該努力多行善事，不做惡事，做到「不以善小而不為，不以惡小而為之」。

一個人常做好事，表面上雖看不出什麼好處，似乎是「傻」、是「糊塗」，但行善的人就像一個長在草叢中的冬瓜，自然會在一天天地長大。

其實，說「善有善報」也並非是唯心的因果報應之說。多行善事，或許別人不會報答你的善舉，但至少不會為你帶來禍端。行善的人在心理上容易心安理得，幫助別人自己也常處在快樂之中，這本身就是對你的善報。

行善並不需要講究形式，普通人完全可以做到。

丹霞禪師有一次行至洛陽的惠林寺，天氣很冷，他在寺內的佛殿裡看到一個快凍死的乞丐，就把木佛拿來燒火取暖，救了乞丐一命。院主見後，大發雷霆：「你怎麼敢燒佛像？」丹霞禪師說：「既然不能燒出舍利，那麼把木像拿來燒好了！」燒佛的丹霞事後平安，而斥責他的院主卻遭到了懲罰，二道眉毛全部掉落，這是為何？道人無心，即為無過。無心的道人何過之有？只要本性率真地去行善，便是行善道，結善緣。

反之，一個人常做壞事，表面上雖看不出什麼壞處，但作惡的人就像春天院子裡的積雪，只要陽光一照自然消逝。

明朝成化年間，浙江永嘉有個書生名叫王傑，在家誦習待考。一天，家僮王二和潮州賣薑客人呂大發生爭執，王傑上前勸解失手打昏呂大。主僕二人趕緊救醒呂大，並賠禮贈絹，呂大拱手作別。

到了晚上，渡口船家周四突然來到，提著絹和薑籃。他聲稱呂大到船上後便死去了，臨死時他把白絹、薑籃交給他為證，請他代為伸冤，並且說死屍現在門外船上。王傑大驚，看過屍體後信以為真，給了周四六十多兩銀子，並派二個家人把屍體埋掉。

不久，王傑家人胡阿虎因事被主人責打，遂將呂大之事告到官府，王傑被抓入獄。半年後，呂大到王家探問，大家才知呂大未死。原來，當天呂大拿了白絹、籃子上船，和船家談及白絹來歷，船伕周四便買下白絹和籃子，到王傑家詐錢，那具死屍則是河中的浮屍。

　　知縣查明實情後，當堂拷打周四，周四被打得皮開肉綻，鮮血淋漓，死在大堂之上。

　　《老子》云：「天網恢恢，疏而不漏。」意思是說，上天之網廣大無邊，雖網眼稀疏，但它卻不會遺漏。一個人做了壞事，就一定逃不過天道的懲罰，必因自己的妄為而自嘗惡果。周四財迷心竅，誆人錢財，正是因為他的膽大妄為而害了自己。

　　行善不致得善報，但也不致得惡報，但多行惡事卻沒有不遭到報應的，這就是「多行不義必自斃」。

二十、如何在猶豫面前堅定自我

「夜長」了，「噩夢」就多，睡覺的人會受到意外的驚嚇，反而降低了睡眠的效果。同理，做事猶猶豫豫，久不決斷，也會錯失良機。「失時非賢者也」。

兵家常說：「用兵之害，猶豫最大也。」實際上，猶豫不決，當斷不斷的禍害，不僅僅表現於打仗方面，在現代的商業策略上又何嘗不是如此呢？商戰之中，機不可失，時不再來，如果猶豫不決，當斷不斷，那你在商場上只會一敗塗地，無立身之處。因此，斬釘截鐵、堅決果斷，已成為當代企業家的成功祕訣之一。

當然，這裡說的當機立斷，首先，指的是認清楚行情、深思熟慮後的果敢行動，而不是心血來潮或憑意氣用事的有勇無謀。宋人張泳說：「臨事三難：能見，為一；見能行，為二；行必果決，為三。」當機立斷的另一方面，並非僅僅指進攻和發展，有時，按兵不動或必要的撤退也是一種果敢的行為，該等待觀望時就應按兵不動，撤退時就應該撤退，這也是一種當機立斷的行為。

此時，最讓人感慨的當是「夜長夢多」這一俗語了。夜長夢多，指的是做某些事，如果歷時太長，或拖得太久，就容易出問題。

「夜長」了，「噩夢」就多，睡覺的人會受到意外的驚嚇，反而降低了睡眠的效果。同理，做事猶猶豫豫，久不決斷，也會錯失良機。「失時非賢者也」。

《史記》中有「兵為見器」的說法，意思是說，不到萬不得已時，不得出兵；但是，一旦出兵就得速戰速決。「勞師遠征」或「長期用兵」，每每帶來的都是失敗。

拿破崙窮兵黷武，征戰歐洲，不可一世，但後來卻有了「滑鐵盧」之悲劇；希特勒瘋狂侵略他國，得到的卻是國破家亡，主權不保。這都是由於：

第一，他們沒有認清楚戰爭的害處；

第二，他們不懂得「夜長夢多」的真正意義。

中國人向來講究不慍不火，從容自若的做事態度，大難臨頭，「刀架脖子上」也能泰然處之。能夠做到這樣，才算得上雍容大度的君子。然而，這並不是說中國人就喜歡做事緩慢，或不善於抓住戰機。事實上，中國人在追求和諧、寧靜、優雅的同時，無時不在潛心於捕捉機會。

中國有一種「無為而治」的政治哲學。從表面上看，它似乎也是優哉的處世信條，但就其內涵而言，遠非字面那麼淺顯。所謂「無為」並不是單純的「不為」，而是「陰謀詭計」之極為。它無時不在寧靜的外表下進行頻繁的權謀術數的操作。

打個比方，一個車輪，以無限的速度旋轉，似乎就看不到它在旋轉了，抑或看到的是倒轉，「無為」就是這種狀態，「無為」才能「無不為」。因此，做事應快速決斷，不要猶豫、踟躕。

二十一、如何在生氣之中壓住自我

人不能心浮氣躁。靜不下心來做事，將一事無成。輕浮、急躁、冒進，對什麼事都只知表面，往往會為自己帶來損失。

在能使萬物乾燥的東西中，再也沒有比火更熾熱的了；在能使萬物動搖的東西中，再也沒有比風更猛烈的了。當風與火同在時，火借風勢，風壯火威，引起的後果恐怕是災難性的。

人同此理，火和風就像人的氣，人在氣頭上，如果再聽信流言就會產生可怕的後果。所以說，氣對人的狀態好壞影響非常大，就好比鼓風機向火爐鼓風一樣。只有臨危不亂，沉得住氣，能培養「剛烈之氣」的人才能成為君子，而那些遇事動輒發怒、暴躁之氣盡現眼前的人，注定了只能做小人。

如果因一時的憤怒，而將自己和親人忘卻於腦後，這難道還不叫糊塗嗎？

請牢記：「為人處世務須忍聲吞氣」。

處在風雲變幻的世界中，人應該有種權變的意識和手段，應該穩如泰山，靜如止水，這樣才會耳聰目明。急躁冒進之徒，為一己私利，便能大打出手。殊不知圖一時之痛快，只會為自己帶來更多危害。

人不能心浮氣躁。靜不下心來做事，將一事無成。輕浮、急躁、冒進，對什麼事都只知表面，往往會為自己帶來損失。

三國時期，關雲長失守荊州，敗走麥城被殺，此事激怒劉備，遂起兵攻打東吳，眾臣之諫皆不聽，實在是因小失大。正如趙雲所說：「國賊是曹操，非孫權也。宜先滅魏，則吳自服，操身雖斃，子丕篡盜，當因眾心，早圖中原……不應置魏，先與吳戰。兵勢一交，不得卒解也。」諸葛亮也上表諫止曰：「臣亮等竊以為吳賊逞奸詭之計，致荊州有覆亡之禍；隕將星於斗牛，折天柱於楚地，此情哀痛，誠不可忘。但念遷漢鼎者，罪由曹操；移劉祚者，過非孫權。竊謂魏賊若除，則吳自順服。願陛下納秦宓金石之言，以養士卒之力，別作良圖。則社稷幸甚！天下幸甚！」可是劉備看完後，把表擲於地上，說：「朕意已決，無得再諫。」執意起大軍東征，最終導致兵敗。

從這個例子中，就可看出，在關鍵時刻是不能讓怒火左右理智的，不然就會付出慘重的代價。

　　在生氣之時要想壓住自我需要為人踏實、謙虛，要求我們遇事要沉著、冷靜，多思考、多分析，然後再行動，而不要眼高手低做什麼都不穩，到最後毫無所獲。大凡天下成大事者，都能克服浮躁、衝動的毛病。

　　時不時就發脾氣的人，終會自己害了自己。容忍心中的怨氣確實不太容易，但只要有頑強的毅力、堅定的信念，又何愁不能在生氣之中壓住自我呢？

二十二、如何在壓力面前堅持住自我

人總有壓力的。著手改變你的思維和習慣，能避免的壓力則避免，不能避免時用健康的方法應付壓力。別讓壓力像狙擊手一樣把你打倒，妨礙你爭取成功。

在現實生活中、工作中，你一定常常聽到有人抱怨：「壓力真大！」你也一定感覺到，壓力幾乎無所不在，這是客觀的事實，而社會的節奏越快，給人的壓力也就會越大。

人總是要有壓力的。著手改變你的思維和習慣，能避免的壓力則避免，不能避免時用健康的方法應付壓力。別讓壓力像狙擊手一樣把你打倒，妨礙你爭取成功。

那麼怎樣有效對付壓力呢？以下幾點策略能幫你成功處理壓力。

不要躲避風險

害怕風險仍然是壓力的主要原因，也是成功路上隨時會出現的障礙。查爾斯‧斯溫德爾曾說過關於風險的話：

「絕對的保險是沒有的，也沒有一定不失敗的計畫，沒有絕對可靠的設計，沒有全無風險的安排。人生絕不可能那麼完美。」

慌張逃跑會把臉撞傷，坐飛機有墜機的風險，步行有摔跤的風險，換句話說，只要活著就有風險。

笑的樣子像個傻瓜；哭的樣子可能會太多愁善感；向別人伸出手去，有過分親熱的風險；流露感情有暴露自己的風險；愛別人要冒別人不愛你的風險；懷抱希望有遇到失望的風險；要試驗就有失敗的風險。

你想知道通往一事無成的捷徑嗎？向壓力低頭，慌慌張張逃跑，不冒任何風險，把勇氣拋掉，換上謹小慎微，時時做最壞的打算……真的，擔心風險是通往一事無成的捷徑，因為人生就是風險，我們沒有必要學會遇到風險

就逃跑，要樂觀地面對它。凡事做最壞的打算，你十拿九穩會得到最壞的結果；凡事做最好的打算，你十之八九會如願。

在自己的強項上努力

那些在自己的強項上努力的人，即使犯了錯誤，也不大可能被壓力壓垮。橄欖球員羅素‧斯道巴赫就是個最好的例子：

在他為達拉斯牛仔隊效力時，有人問他傳出一個球之後球被對方隊員截住時他會作何反應，他回答說：「我丟出一個球之後，迫不及待地再拿到那個球，迫不及待地再丟。」

「又被對方截住怎麼辦？」那人反問。

「那就更迫不及待地再丟。」斯道巴赫回答說。

因為斯道巴赫球技出色，他對逆境的反應不是被擊倒，而是有繼續打下去的強烈願望。在自己的強項上努力的人都會有這種反應。

如果你不清楚自己的強項是什麼，以下方法可以幫你找出來。如果犯了錯誤，這錯誤不但不會為你造成壓力，反而能使你努力工作，鼓足幹勁爭取達到自己的目標；有時，為了做最好的事情，你要放棄一般的事情，而且激勵你一定要努力做好，那麼這個方面就是你的強項。如果所犯的錯誤使你感覺到威脅、緊張，這大概就是你的弱項。隨著年歲增長，應該多在自己的專長方面努力，這樣你就能避免壓力，獲得成功。

從超負荷的道路上脫身

我們當中有許多人就像一個站在自己田地中央的農民，這個農民說：「我不用出去工作了，工作根本做不完。」我們把越來越多的任務包攬在自己身上，最後無法把這些事情辦好，於是，壓力就產生了。

有時我們要暫停承接任務，從超負荷中脫身。如果你是那種喜歡嘗試新事物和包攬一切的人，你要每過一段時間就停下來，提醒自己不可能既無所不做，又要把最重要的事情處理好。

拋棄無足輕重的事情，做最重要的工作，可以大大減少你的工作壓力。而在做重要工作的時候，你也應該切記，不要用自己的健康為獲取成功的代價，任何成就都不足以彌補這種犧牲，或由此而來的壓力。

二十三、如何在患病之時戰勝自我

面對疾病，沒有人能夠幫助你面對，是絕望放棄還是勇敢面對，全由自己決定。但由上可知，的確後者更有意義，也更值得推崇。

健康的身體的確十分重要，沒有人希望自己生病。但天有不測風雲，也許正當一個人充滿信心地面對生活的時候，卻遭受了疾病的打擊。悲觀、失望乃至絕望隨之而來，我們沒有權利責備你面對疾病的表現，但或許下面這個故事，會給你啟發，給你更多的勇氣。

袁和是一位來自上海的女孩，為了能出國深造，她一邊在工廠裡靠黏紙箱賺錢，一邊學習英語。她憑著頑強的毅力，通過了托福考試，被麻薩諸塞州蒙特‧荷里亞女子學院錄取。

但是她剛到美國才二個月，就被醫生診斷為得了癌症，且癌細胞已經轉移。但是這位柔弱纖細的中國女孩兒沒有被死亡與不幸嚇倒，她說我還想讀書，我要拿到碩士學位，這是我到這裡來的目的。

按照經驗，她只能再活半年，想要得到碩士學位，簡直是一種美麗的幻想。袁和是清楚這一點的，但是她對自己說：我一定要堅持，我一定會勝利。她彷彿忘記了自己是一個被現代醫學宣判了死刑的人，她拚命地讀書，把死亡當成自己生命的拐杖，倚著它，無所畏懼地前行。

有一次她暈倒在宿舍裡，在冰涼的地上，她整整昏死了近十個小時。儘管她也曾膽怯過、猶豫過，痛苦難耐時也想放棄追求，但她戰勝了自己，戰勝了人的懦弱和絕望中自殺的念頭。經過一年多時間的苦熬，與死神的抗爭，袁和終於穿著長長的黑色學士服，一步步走上了學院禮堂的台階，接過了院長親手頒發的碩士學位證書。教授們和那些來自不同國家的同學們，在台下為她鼓掌。人們從她身上看到了勇氣，看到了無畏，看到了人格的力量。

袁和並沒有停止她生命的進程；她又決心以頑強的毅力去攻讀博士學位。但是，沒過多久，病魔便奪去了她年輕的生命。

面對無法救治的疾病，袁和卻不懼怕、不怯懦，在有限的時間裡，她更加珍惜一切，她讓這有限的生命變得極富意義，用心去體會生活的每一天。《哈佛學報》評論說：「袁和的一生是關於勇氣的一生，關於理想追求的一生⋯⋯。」

疾病是令人痛恨的，但對於強者而言，疾病卻可以使自己對生命重新定位。例如袁和，她知時日無多，為了理想必須努力。其實，生活中許多疾病並不總如癌症那樣可怕，許多疾病完全是可以治癒的，這需要患病者更加警覺人生的寶貴，更加珍惜生活的每一天。

健康與事業之間有直接的關係，人不管是碰到哪方面不健康，都可能受到這些病情的限制。

面對疾病，沒有人能夠幫助你面對，是絕望放棄，還是勇敢面對，全由自己決定。但由上可知，後者的確更有意義，也更值得推崇。

二十四、如何在困境當中不失自我

只要放鬆自己，告訴自己希望是無所不在的，再大的困難也會變得渺小。困境自然不會變成阻礙，而是又一次成功的希望。

許多人一陷入困境，就悲觀失望，並為自己增加很大的壓力，其實，應告訴自己，困境是另一種希望的開始，它往往預示著明天的好運氣，因此，你應該主動為自己減壓。

困境之下，放鬆自己，就能得到另一種東西，生活中不乏這樣的例子。

哥本哈根大學的一名學生喬根·裘大，有一次到美國旅遊。他先到華盛頓，下榻威勒飯店，住宿費已經預付。上衣的口袋放著到芝加哥的機票，口袋裡的錢包放著護照和現金。準備就寢時，他發現皮包不翼而飛，立刻下樓告訴旅館的經理。

「我們會盡力尋找。」經理說。

第二天早上，皮包仍然不見蹤影。他隻身在異鄉，手足無措。該打電話向芝加哥的朋友求援？到丹麥使館報告遺失護照？還是呆坐在警察局等待消息？

突然，他告訴自己：「我要看看華盛頓。我可能沒有機會再來，今天非常寶貴。畢竟，我還有今天晚上到芝加哥的機票，還有很多時間處理錢和護照的問題。我可以散步，現在是愉快的時刻，我還是我，和昨天丟掉錢包之前並沒有兩樣。來到美國，我應該快樂，享受大都市的一天，不要把時間浪費在丟掉錢包的不愉快之中。」

他開始徒步旅遊，參觀白宮和博物館，爬上華盛頓紀念碑。雖然許多想看的地方他沒有看到，但所到之處，都盡情暢遊了一番。

回到丹麥之後，他說美國之行最難忘的回憶，是徒步暢遊華盛頓。他知道把握現在最重要。

五天之後，華盛頓警局找到他的皮包和護照，寄給他。

只要放鬆自己，告訴自己希望是無所不在的，再大的困難也會變得渺小。困境自然不會變成阻礙，而是又一次成功的希望。

人生中有很多障礙或苦難，而所有的苦難都藏匿著成長和發展的種子。但能夠發現這種子，並好好培養的人，往往只有少數。這些人到底是怎樣的人呢？

第一是決心要克服苦難的人。沒有這種決心的話，不管再怎麼說「苦難才是機會」，也只會變成以另一種苦難結束的悲劇。

第二是能夠認為苦難才是機會的人。沒有這種想法，苦難只會帶來更多的苦難。

美國的愛荷華州常常發生颶風，在該州的中央大學擔任過校長的Ａ．拉爾帕司先生，看到一整所大學遭到大風沙侵襲，幾乎快被毀壞。這時他反而想利用這個機會改善校園的環境，那麼他到底是怎麼做的呢？

一九三〇年發生了一次大旱災，乾燥風沙吹遍了整個平原，農場裡的玉米和麥子都死光了，大學校園也受到很大的損害。這所大學的財政本來是依賴附近的農民，但因農民收入較少，加上這次災害，農民的困難可想而知。

但是，拉爾帕司博士（校長）知道：「所有的危機都藏匿著解決問題的關鍵。」也就是說他認為這次的災難是一個告訴東部成功的實業家或富豪們有關自己學校困境的最佳機會。

因此，拉爾帕司博士如下報告著：

「我們過去經常受到農民們的支持，除了他們之外，我們一直沒有向任何人要求幫忙。當農民們將自己的子女送到平靜的愛荷華州城市來接受教育時，他們也感到很高興。他們雖然本身沒有任何責任，可是他們卻一直幫助著我們。你們能不能幫助我們呢？」這個要求很快得到回應，東部的有錢人都慷慨地提供援助，後來他們的援助和關心，持續了幾十年。

碰到危機時，一部分人會陷入恐怖狀態，另一部分人反而會利用這個機會取得成功，這種差別才是改善人生的決定性差別。

我們應記住，不管怎樣不利的條件，只要我們能正確處理的話，都可能將它轉變為有利的條件。

在開心狀態時，人們大都不會自我反省，也沒有上進心。相反地，在苦惱或挫折面前，倒經常會進行自我反省，因此反而有機會得到真正的幸福和歡樂。

那麼，把痛苦變成機會，或是變成恐慌狀況，這種差別到底是從那裡出來的呢？是由當事人的決心和態度決定的！

有一句話說：「跌倒之後，不要空手爬起來。」這種態度才是最重要的。

二十五、如何從挫折中重整自我

凡是成大事者，不能在挫折面前被嚇趴下，而是要用理智面對它，冷靜地找到戰勝它的辦法。沒有這種理智的精神，不是你打敗挫折，而是挫折打敗你。

我們在日常生活中，隨時都會遇到各式各樣的挫折，在挫折面前，人們也表現出不同的反應，心理承受能力差的人面對突如其來的挫折或是退縮，或是消極抵抗。只有那些勇於挑戰困難，能夠審時度勢、採取積極進取的態度面對挫折的人，才會成大事。

既然挫折是難免的，那麼我們究竟該怎麼做，才是以「積極」的態度面對挫折呢？

要勇於正視挫折

一般而言，每個人遇到挫折的可能性不可避免，具體而言，什麼時候遇到挫折、遇到什麼挫折也不可能選擇，因此，正視挫折是排除挫折的心理和思想前提。所謂正視，就是要以一種正確的態度去面對它，既不要簡單地怨天尤人，歸之命運，因為這實際上等於放棄爭取轉機的努力，屈從於困難；也不要消極地逃避，為其合理化尋找藉口，其結果對扭轉挫折是毫無意義的，或者說只能自欺欺人。

要堅定目標，不輕言放棄

每個人都有自己的奮鬥目標，只要這個目標是現實的，那麼即使暫時遭遇了挫折，也應克服各種困難，找出排除障礙的辦法，毫不動搖地朝既定目標邁進，最終實現自己的願望，達到預定的目標。

馬克思在寫《資本論》期間，面對各種誣衊、攻擊和迫害，飽嘗長期流亡和貧困生活的痛苦，經受種種疾病的折磨，始終沒有絲毫的動搖。他說過：「我一直徘徊在墳墓的邊緣，因此，我必須把我能夠工作的每一分鐘拿來完成我為之犧牲了健康、人生幸福和家庭的著作。」

認清目標，永往直前，是所有成功者的成功經驗。人生路上難免有坎坷，難免遍布荊棘，是知難而退還是迎難而上？這道題目的不同答案也就決出了強者和懦夫。

要冷靜地對產生挫折的原因進行客觀的分析

為了戰勝挫折，要對造成挫折的原因進行實事求是的認識和分析，弄清楚挫折的原因到底是外部的，還是內部的，或是內外部二種因素交織，共同起作用的。正確的分析和歸因，是戰勝挫折的必要基礎。把挫折和成敗結果一概歸因於外部因素的人，就無法對行為做自我控制和自我調節，面對挫折會感到無能為力和束手無策，從而不能盡自己最大的努力去克服困難和改變失敗的處境；但是，把挫折和失敗結果通通歸因於個人努力不足，過多地責備自己，也是不現實的，同樣不能對自己的行為結果負起合理的責任，有效地改善逆境處境。

面對挫折，不加分析，不問青紅皂白，便按照自己既有的固定模式做片面歸因的人，很難從困境中走出來。只有以積極的態度去冷靜分析遭受挫折的主、客觀原因，及時找出失敗的癥結所在，才能從本人的實際條件出發，用切實的行動去改變挫折的情境。

降低目標，改變行為

當一種動機經過一再嘗試仍無法成功，達不到預定目標時，調整目標，變換方式，透過別的方法和途徑實現目標，或者把原來制定得太高而不切實際的目標往下調整，改變行為方向，才有可能成功。例如有的高中生多次報考大學未能如願，他見障礙難以踰越，就改為報考職校、技校，或是空中大學，「退而求其次」來實現自己的目標。

這種目標的重新審定和轉移，不是懼怕困難，而是實事求是的表現；同時，也降低和避免了由於目標不當難以達成而可能產生的挫折感和焦慮情緒。

生活中，有很多人寧可在一棵樹上吊死，也不肯退而求其次。雖然他們堅定目標，但卻「盲目追求」。

改換目標，取而代之

這是指當確定的目標由於自身條件或社會因素的限制，無法實現並受到挫折時，可以改變目標，用另一目標來代替，以使需要得到滿足；或透過另一種活動來彌補心理的創傷，驅散由於失敗而造成內心的憂愁和痛苦，增強前進的信心和勇氣。

　　總之，在挫折面前要保持理智。挫折對人來說未必都是消極的，因為逆境只是給人造成了不利的環境條件，但條件是可以利用和改變的。客觀條件一旦被認識就可以做出行動規劃，利用有利條件，弱化或消除不利條件，創造有利條件。經過主觀努力，往往會改變事物變化之勢，而使逆境變為順境。逆境常常使強者做出在順境中無法做出的業績，而這一切必須以理智作為前提，才有可能實現。

二十六、如何從失敗中重振自我

失敗是最寶貴的財富之一，它能為你提供獨特的學習機會。成功固然可喜，但只有在失敗中才能更清晰地反映出我們身上的弱點。

有人害怕失敗，那是因為他們沒有意識到失敗也很有價值。

失敗是最寶貴的財富之一，它能為你提供獨特的學習機會。成功固然可喜，但只有在失敗中才能更清晰地反映出我們身上的弱點。

失敗也是磨練意志、培養堅強品行的寶貴時機，人所具有的惰性使人常常逃避風浪、遠離挫折，結果，在人生最重要的時刻，人往往因缺乏錘鍊而敗下陣來，而失敗則為你提供了鍛鍊意志的寶貴時機。

失敗交給你選擇權。一位評論家如此看待艾科卡和福特家族的恩恩怨怨，福特炒了艾科卡的魷魚，同時也造就了艾科卡，給了艾科卡發展自己的好運。否則的話，他會因在福特總經理寶座上坐得太久而「糜爛」。

確實，如果不是那次失敗，艾科卡最多只是一位優秀的管理者，而不會成為「美國最出色的企業家」。

因此失敗不可怕，失敗之後無法將自己的經驗昇華，不能讓它在你生命中真正具有價值，這才是最可怕的。

面對失敗，你就有了成功的希望。從失敗中吸取教訓，尋找機會，重新塑造自己，包括如下五個階段：

（一）重新認識自己的過去

失敗是對事件的評判，從某種意義上來說，是你自己、社會和他人對結果的一種解釋。在你從失敗中汲取力量，重新駕馭自己的事業時，不僅要學會客觀地尋找失敗的原因，尤其重要的是要以積極的眼光看待過去，從中尋找成功的種子。

一位著名的網球運動員談及失敗時說：「不知怎麼，在我們心中輸的感覺比贏的感覺更強烈。」任何一名運動員都明白這點，都必須搏擊這種情緒。

你可能打了十個好球，失了最後一個，當時的情形在你腦海裡反覆顯現，心中也就越記越牢。我們都這樣，把輸看得比贏得更重。

改正的訣竅是重新調整心中的事件，賦予它們同等重要的機會。

（二）重新認識事業目標

人生是個不斷探索的過程，失敗有時並不是由於你的能力、學識不足，而是由於你錯誤地選擇了目標，而失敗正是給予了你一個重新思考，從錯誤中解脫的良機。

許多職場達人認為，一個人一生中至少要經過二、三次轉職，最後才能找到適合自己專長的事業，而確定自己合理的目標則需要同樣長的一段時間。

生活往往借失敗之手，促使你進行這一次次的探索和調整。

（三）擴大選擇範圍，掙脫羈絆

失敗會將你推到一個轉折關頭，你的任務是做出下一步的打算。如果仍然以過去的思想來看待未來，完成這一任務將會變得無比困難。探索未知世界需要的是創新的思想，即運用嶄新的思維方式去發現選擇的機會。

擴大你的選擇範圍，獲得進行新選擇的機會，可以採用以下幾種方法：

（A）組合利用你的才能

許多人將工作視為一種固定的、不可轉移的東西，就像一件搬不動的沉重家具。其實，你過去的工作是多項技能和多種經驗的總結，可以在其它地方進行組合，重新加以利用。

（B）變娛樂為職業

大部分人都將工作視為嚴肅的事情，進行事業選擇時往往忽視樂趣、嗜好、消遣。事實上，工作應該是一種創造性娛樂，如果你覺得自己在業餘嗜好上富有創造性，那麼，失敗其實給了你這樣一個機會，試著將你的嗜好與事業結合起來。

（C）自己創業

一個人在生死關頭最能發揮自己的潛力，在事業失敗時，放棄所有顧慮，放手一搏，反而能成為偉大事業成就的契機。

有關機構曾進行過調查，發現最先有錢的是這樣二批人：一是最早的私人企業，他們大多是待業青年，甚至是更生人，是社會中最難透過正常途徑升遷的一群人；另外一批是一些知識青年，他們也空懷壯志，但由於特殊的歷史條件，在技術能力、知識結構上都有缺陷，因此，成為較早的「下海」進行創業的人。

當然，這些現象的形成有其複雜的社會因素，但它們說明一個道理：失敗讓人無所畏懼，會讓你更勇敢地捕捉機會。

（四）學習新知識

失敗之後進行反思是對自己人生最透澈的分析，但光總結過去是不夠的。借此時機，學習自己之前未接觸過的知識，可以擴大視野，充實精神，幫助你清醒地認識自己所選擇的領域，並掌握適應時代變化潮流的新技能。

（五）尋求幫助

許多從前一帆風順的人在遭遇失敗後，容易產生心理錯誤，拒絕接受別人的同情和幫助，這種態度是不正確的。

在失敗面前勇於面對現實，坦然接受友好的幫助，並主動接觸他人，讓別人為你指引道路，帶你認識新的領域，是重新發展你事業的重要條件。

二十七、如何在安樂時警示自我

世上本沒有唾手可得的便宜，天上也不可能掉下來餡餅，勤奮工作才是成功的唯一出路。

過於追求安逸的生活，就像鴆酒一樣對人產生毒害，這是前人的告誡；安樂一定會導致死亡，這並不值得奇怪！

吃飽了飯卻不用一點心思，無事可做，這樣不行，就算是學學下棋也好啊；安逸地住著，卻沒有受到教育，這樣和禽獸有什麼兩樣？

所以，劉備因為腿上長了肥肉，而自己又年事已高卻功業未建而淚流滿面；陶侃每天來回搬運一百個罈子，是為了鍛鍊自己的體力，恢復圖霸中原的筋力。

太極運動能產生陽氣，人的身體應以運動為主。運轉的門軸絕不會被蟲蛀，流動的水也絕不會發臭。生命在於運動，成功在於勤奮，貪圖安逸享受，必將一事無成！

生活需要你十分勤奮，努力工作。

世上本沒有唾手可得的便宜，天上也不可能掉下來餡餅，勤奮工作才是成功的唯一出路。

從前，有一位老人，他有一座葡萄園。他辛勤地照料著這座葡萄園，每年都能收獲許多葡萄。

老人有三個兒子，卻都懶得出奇，什麼農活都不願做。老人想到自己歸天後，這些懶兒子們該怎樣生活，心裡十分憂鬱。

老人臨終前，把自己的兒子們叫到床前，對他們說：「我把自己的全部財寶都埋在葡萄園裡了，你們自己去找吧。」

不久，老人就閉上眼睛去世了。兒子們到葡萄園裡拚命地挖呀，掘呀，把土地都細細地翻了一遍又一遍，卻始終沒有找到財寶。但因為這樣，葡萄卻長得越來越好，結的果實也一年比一年多，就這樣，老人的兒子們變得越

來越富裕。最後,他們才明白過來,私下說道:「真的,葡萄園裡確確實實埋著一筆巨大的財富!」

好逸惡勞是人性中一個致命的短處,在激烈的生存競爭中,這個短處對我們非常不利,沒有聽說過好逸惡勞者能在生存競爭中取勝的。

人生在世,就要辛苦奔波啊!所有的好逸惡勞者都應謹記那位葡萄園老人的教誨,財寶珍藏在勞動的汗水裡。櫻桃好吃樹難栽,成功事業等不來。

二十八、如何在受辱後挺住自我

人生在世，難免會遭受別人欺侮，面對各種意想不到的欺侮、非難，心中怒火中燒，可是又無力回天，怎麼辦？只能忍！忍得一時之氣，方能百日無憂！

富有者欺壓貧窮者，有官得勢者欺侮無官失勢者，有力氣的人欺侮沒力氣的人，凶狠之徒欺侮弱小之輩，年輕人欺侮老年人，有勇氣的人欺侮懦弱之人，狡猾之人欺侮正義之人，多數欺侮少數，這是人世間的常情，人的通病。然而，如果認識到事物均有盛衰交替，那麼就不會輕易地欺侮別人，而招來怨恨和禍害；當身處弱勢時，不去對抗無知狂妄之徒的欺侮，就能避免反抗所帶來的災禍。

商湯感化好事的葛國，周文王誠服作亂的昆夷，是忍侮於比自己強大的對手，不會招來災害，忍侮於比自己弱小的對手不會失敗。面對侵奪應不急躁，面對冷眼應不動聲色。以德報德，是一個君子應該做的；以怨報德，是小人的行為；以怨報怨是愚者的做法；以德報怨，才是仁者的所為。面對各種欺侮，我們必須明白一件事：審時度勢，保存實力，以圖將來。

我們不難發現，社會總是存在恃強凌弱的現象，這似乎是亙古不變的定律。但是如果仔細想想，要是能想到強弱會有所轉化的時候，你也許就不會再恃強凌弱了。

命運的客觀性決定命運在特定時空是難以改變的。當一個人身遭厄運，特別是在客觀勢力強大，個人能力顯得極為渺小的時候，對命運抗爭的最佳選擇就是從容等待。這種從容等待表面看是卑瑣的、懦弱的，但卻是把正面衝突轉換成了以柔克剛、以韌對強的策略。這樣就可以不顯山不露水、保存實力，以求東山再起，一旦時機成熟，便如餓虎撲食，打碎厄運，擺脫困境。即使陷入無妄之災，也要不失矢志，相信命運之神不會總是一副悲劇面孔。物極必反，千年沉冤可以昭雪，十年厄運不算無望。在厄運之中完全可以採取迂迴曲折另求生路的策略。

越王勾踐被吳國俘虜的時候，可以說是吃盡了苦頭。回到越國，他沒有享受錦衣玉食，而是和全國百姓一起忍飢耐勞，似乎忘記了自己的王位。

　　最後，這個忍耐了一番困苦的人，終於打敗了吳國，取得了最後的勝利，在歷史上留下了傳世美名。

　　人生在世，難免會遭別人欺侮，面對各種意想不到的欺侮、非難，心中怒火中燒，可是又無力回天，怎麼辦？只能忍！忍得一時之氣，方能百日無憂！

二十九、如何在低賤面前認清自我

物質上的富有和精神上的富有，並不是等同的。一個人，不能因為物質貧窮就失去了人的高貴和尊嚴，更不能失去努力進取的決心和意志。

人生的貴與賤，實際上早在冥冥之中有了定數；君子即便面臨困境，但他依然能泰然處之而不煩悶。

蛟龍有身陷泥沙的時候，豔麗的鮮花同樣有可能掉入糞坑。所以，一個人如果能掌握先機，榮華富貴也就能唾手可得，而一旦錯過機會則將陷入貧賤之境。

步騭心甘情願地接受征羌為他在地上擺下酒席的待遇，宗愨不去計較鄉間豪紳施給他粗茶淡飯所帶來的羞辱。

還有朱買臣背著柴木讀書而並不為此而感到羞愧，王猛就是到了以賣畚箕為生的地步，卻依然沒有去追求功名。

一個人身處低賤之時，不因窘迫而失去自己的志向，身處富貴之時也不能驕喜而失去禮節。

一個人在低賤之時仍要能悠然自得，不怨天尤人、不攀仰富貴。而一旦時機到來之時，則要能善於抓住機會，成就自己。這就是「有志者事竟成」。唉！處於低賤之境的人怎能不安心忍受這種困境呢？

每個人的貴和賤，都自有其天賦與本性；真正的君子即便在貧窮、落魄的時候，也不會消沉、低落；即使處境困厄，被眼前的事物困擾，他們往往還是能從低賤之辱中走出來。

低賤並不可怕，可怕的是因此失去了向上之心，而甘於沒有尊嚴地偷生。意志堅定對那些處於困境之中的有識之士來說，應該是一項必備的條件。

曾子身穿破舊的衣服耕田，魯國國君派人送給他一塊封地，告訴他說：「請你用這塊封地的收入製作一些衣服吧。」曾子沒有接受。魯國國君反覆地派人來，曾子一再地拒絕。使者說：「這不是您向別人索求，而是人家主

動奉送給您的，為什麼不接受呢？」曾子說：「我聽說，接受人家的東西，就要懼怕人家；給予人家東西，就要傲視人家。魯君的恩賜，不會傲視我，但我能不畏懼嗎？」孔子聽到這件事，說：「曾子說的話，足夠保全他的節操了」。

物質上的富有與精神上的富有，並不是等同的。一個人，不要因為物質貧窮就失去了人的高貴和尊嚴，更不能失去努力進取的決心和意志。像曾子那樣，人窮志不窮，人窮尊嚴不窮，不以物質論高貴，做到如此，離富貴也就不會遠了。

俗話說：「英雄不怕出身低」。一個人不必為自己的出身低賤而自卑，更不必為生活貧困而苦惱。古人云：「貧賤非辱，貧賤而求於人的為辱；富貴非榮，富貴而利濟於世的為榮。」

就是說因為地位低微而失去志氣，才是自己的恥辱。

三十、如何在貧窮之時把持自我

上天以貧試士的原意是想借助貧窮來檢驗誰更有志氣。在貧窮的境地仍能安貧樂道，這才是君子所為。

沒有錢財叫貧，貧窮原本命中注定。上天以貧試士的原意是想借助貧窮來檢驗誰更有志氣，在貧窮的境地仍能安貧樂道，這才是君子所為。

百姓之所以沒有永久傳世的家業，歸根於他們沒有堅強的意志。用非正當方法聚集錢財的人，罕見的禍患通常會在極短的時間裡突然降臨於他的頭上。當處於貧窮之境時，應該把持自我。

或許你飽嘗貧窮的苦楚，或許你憤怒生於窮鄉僻壤，或許你又憤怒於世間貧富太過懸殊，但對於這些狀況，君子都能安然處之。

他們處在貧賤之時，眼裡無視權勢、富貴的存在，那是安於貧賤，品行高尚和自我修養非常好的表現，此種人一旦時機成熟，必然能發揮自己的才幹，因為他會牢記貧賤時的感受，能忍貧寒，則能珍惜權位，知道怎樣去合理地運用權力。在身處逆境時，也能安貧樂道。

有一位年輕英俊的清潔工，他每天早晨拉著垃圾車經過福樓拜家樓下時，都會晃動他手上的搖鈴。當福樓拜提著垃圾袋走向他時，他總是微笑著，在垃圾車旁優雅地做個「請」的姿勢，就像在說「歡迎光臨」。

他總是打扮得很整潔，甚至時髦，乾乾淨淨的，像是在做一件很體面、榮耀、驕傲的事。有一次，福樓拜還看見他用掃帚對準了地上的一個菸蒂，擺出打高爾夫球的姿勢，一桿把菸蒂揮入距離二、三步遠的簸箕內，還頑皮地對福樓拜扮了個鬼臉。

這個青年人原先在省城一家賓館裡當門僮，後來因為老父病重，便回老家照顧病人，同時兼做一名清潔工。

在與垃圾打交道中，他總能抱著一顆感激的心，因為有事做是最重要的。或許被他優雅、自信、有禮的言行所感動，每次倒垃圾時，福樓拜都不忘說

聲「謝謝」。對此，他很激動，他說他永遠不會看輕自己，但仍然在乎別人的尊重與肯定。

　　人處於不發達的境地，很多人自然就會看不起你，無論是談話還是辦事都不會重視你，不僅如此，可能還會讓你受盡侮辱。

　　在身處卑微的時候，應該怎麼做呢？別人輕視自己，自己卻不能看不起自己。面對一時不公，忍氣吞聲不去計較，不是自輕的賤，而是一種生存、發展的最佳方式。

三十一、如何在權力中保住自我

德高之人得權勢，就能興國安邦；而陰險小人得權勢則貽誤國事，殃及百姓。一般情況下，權勢往往對為官的人有利，而對平民百姓不利。

通常權勢這種東西，有利於君主不利於臣子，有利於等級名分，不利於大臣專權。

只有愚昧無知的人才會把權力攬在手中，氣焰無比，當他們得勢時，眾人巴結奉迎，家門口就像集市一樣熱鬧非凡。他們掌握著生殺的大權，用眼神和氣色指使別人。眾人見他都屏住呼吸，甚至沒人敢抬頭看他一眼。

小人得勢，就像老虎添了翅膀，更是胡作非為。當災難一旦來臨，就像迅雷不及掩耳一樣，躲也躲不了。

德高之人得權勢，就能興國安邦；而陰險小人得權勢則貽誤國事，殃及百姓。一般情況下，權勢往往對為官的人有利，而對平民百姓不利。當你身居要職，而身邊又有小人當道時，你該如何面對？

西元前二○一年，劉邦江山坐定，冊封功臣。蕭何安邦定國，功高蓋世，列侯中所享封邑最多。其次是張良，封給張良齊地三萬戶，張良不受，推辭說：「當初我在下邳起兵，同皇上在留縣會合，這是上天有意把我交給您使用。皇上對我的計策能夠採納，我感到十分榮幸，我希望封留縣就夠了，不敢接受齊地三萬戶。」張良選擇的留縣，最多不過萬戶，而且還沒有齊地富饒。

張良回到封地留縣後，潛心讀書，蒐集整理了大量的軍事著作，為當時的軍事發展做出了重要的貢獻。

漢王朝的江山雖然已經鞏固，但統治集團內部的明爭暗鬥仍然十分激烈複雜，稍有不慎，就會捲進殘酷的政治鬥爭中，輕則落得身敗名裂，重則身首異處。張良不但在處理各種複雜問題上，表現出過人的智慧，在功成名就時不貪功、不爭利，以忍讓保全名聲的高尚品行，更是難能可貴。

考取功名，追求權勢的故事流傳至今不絕。玩弄權術，欺上瞞下，中飽私囊，又上演了多少幕醜事，或命喪黃泉，或投入監獄，只因貪戀權位所起。為一朝之風光而失百年身家性命，當權者們，還不應該清醒嗎？

　　倘若你有心投身於權勢中，一定要警惕周邊情勢，最高明的做法便是深諳糊塗之道。

三十二、如何在寵幸面前清醒自我

一個人如果得到貴人的寵幸，他就會富貴起來，而一旦富有起來，驕傲之心必然會日益膨脹，而驕傲之心最終就是引起災禍的根源所在。這是一則千古不變的定律。

嬰兒之所以生病，通常是因為吃得太飽的緣故；富貴的人遭禍，通常是因為受到寵愛的緣故。

龍陽君對著釣上來的魚哭泣的原因是怕失寵，黃頭郎進入漢武帝夢中，只為使鄧通得寵。

楊國忠兄妹，勢焰薰天、權幸無比，杜甫為此還作了〈麗人行〉描繪此景。安祿山在漁陽起兵反叛，貴妃也因此被賜死。

以上所舉例子皆因寵幸所致。

富貴並沒有和驕奢相約，但驕奢自動會來；驕奢沒有和死亡相約，死亡也會不請自到。因寵而貴，因貴而富，因富而驕，因驕而亡命，這是一個必然的歸宿啊！面對寵幸的誘惑，怎能不克制嚮往之心使自己保持清醒呢？

一個人如果得到貴人的寵幸，他就會富貴起來，而一旦富有起來，驕傲之心必然會日益膨脹，而驕傲之心最終就是引起災禍的根源所在。這是一則千古不變的定律。

西漢董賢，字聖卿，雲陽人。長得很漂亮，他先做太子舍人，建平四年，入宮做了侍中，後來官位至大司馬。哀帝十分寵幸他，他出門與皇帝同坐一車，入宮則陪伴皇帝食宿。他的妻子也住在宮中，妹妹當了皇妃，父親董恭當了少府，富貴震動朝廷，權力與皇帝相當。

董賢曾經和皇帝白天一起睡覺，壓住了皇帝的袖子，皇上醒來，但董賢沒醒，為了不驚動董賢，皇帝於是割掉袖子起床，寵愛董賢到了這種程度。皇上為他在北闕修了大府第，精巧到極點，還賞給他國庫中的珍寶，把它們都放到董賢家中。

第二年，哀帝去世，董賢因為犯罪被賜死，第二天和妻子一起自殺了。

你或許感嘆人世的無常，不明白為什麼辛勤勞作而沒有收穫，不明白為什麼有人不勞動卻收入頗豐，不理解為什麼有些人只憑著三寸不爛之舌、一張厚臉皮就能橫行於天下。事實上你只看到了一面，當你依然如故地過著清苦、恬靜的生活時，昨日還是錦衣豪宅之人或許今朝已是階下之囚；先前還富甲一方之人，今天可能卻是一貧如洗。因此，當今社會的人們，一定要牢記：受寵於貴人，同時也在埋藏禍害。

人生在世誰不想榮譽寵幸集於一身？誰又不想避辱驅害？有的人為追求恩寵榮譽，不擇手段，不惜損害他人之利益。這樣所得的並不是真正的榮寵，而是被社會和他人所唾棄的恥辱，就像故事中的董賢。

我們倘若被人寵幸，不要以此為榮，而當小心謹慎，如此才能清醒自我。

三十三、如何在淫慾面前守住自我

富貴不能淫，貧賤不能移，威武不能屈，此乃大丈夫。

淫亂的事情最容易敗壞名聲。能忍難忍之事的人，人們相當敬佩並稱他們為貞節之人。

富貴不能淫，貧賤不能移，威武不能屈，此乃大丈夫。千百年來，為人楷模者，忍住心中的淫心，方能永保高風亮節。

能忍淫亂之事的人是最難得的人。淫亂，能動搖人的心，敗壞人的德行，殘害人的事業。

柳下惠從很遠的地方回來，到了晚上，城門已關，只好睡在城門處。一會兒，有個女人來同睡。當時天很冷，他怕這個女子凍死，就把她抱在懷裡，用自己的衣服蓋住她。至天明，也沒有越軌之舉。

魯國顏叔子一個人住一處房子，晚上下起了大雨。鄰居的房子倒塌了，一個女子跑來投宿。顏叔子讓那個女子把蠟燭拿在手裡，燭燒完了，就燒屋上的茅草，以保持火光不斷。這樣，一直到天明，顏叔子也沒有對這位女子起淫亂之心。

西漢金日磾，字翁叔，本來是匈奴休屠王的太子。他投降漢朝，被分配去養馬，賜姓為金。金日磾外貌很嚴肅，馬都養得膘肥體壯。漢武帝拜他為馬監，又升為光祿勳，後來做了車騎將軍。在皇帝身邊，他目不斜視幾十年。皇帝賜給他宮女，他也不敢接近。他就是這樣的忠誠篤志，皇上對他更加刮目相看了。

柳下惠旅途中與女人同宿到天亮，仍能做到不與其有淫亂之舉；顏叔子讓無家可歸的女子夜宿其家，持燭到天明。

金日磾對待賜予的宮女，就像在皇帝身邊時那樣嚴肅，褚淵在西上閣山陰公主處留了十夜，始終衣冠齊整站至天明。

柳下惠忠直貞潔的品德得到了世人的讚頌，魯國男子的潔身自好也值得誇賞。金日磾不近所賜之宮女，褚淵不順從公主的私慾，他們都保持了為人臣子的節操。千百年來，氣節猶為人之楷模。唉！淫慾是最難忍的了，但只有忍住淫心，才能保持名節啊！

　　美色能亂人心志，自古英雄難過美人關，多少英雄豪傑橫空出世，又有多少英雄喪身在美人的石榴裙下。除了嘆息，就只剩下惋惜了。當你在淫慾面前身不由己時，想想古時的賢者，以史明鏡，在淫慾前務須守住自我，不要一失足成千古恨。

三十四、如何在突變之中改變自我

智者往往能根據不同情況做出不同應變，不拘泥於成規。靈活地變通，運用自己的智慧，跳出思維方法的固定模式，充分發揮人的主觀能動性，全方位地看問題，而不為突發的事變所震懾。

做什麼事情都不會被突發的事故所嚇倒，得益於事前有充分的準備。意志不堅定，膽量不夠且毫無準備的人，在突然發生的變故前只會手足無措。

勇者因為有思想準備，所以在與猛獸搏鬥時毫無懼色，但是與突然而至的蜂蠍相遇時只能倉皇逃跑；憤怒時與和氏璧共存亡的人，卻也吃驚於鐵鍋被打破。

桓溫帶兵「朝見」皇帝，王坦之嚇得連手板都拿顛倒了，而謝安卻泰然處之，與其開懷暢談。

中書省丟失官印，裴度鎮靜自若；三軍高呼起鬨，張泳面無懼色。面對變故，需要有足夠的勇氣，聰明的智慧，沉著的心態去應對，否則就會手忙腳亂。唉！當意外變故來臨時，怎能不抑制住心中的膽怯和驚慌呢？

一個人有所準備，往往就不會輕易地被征服，而一下子被嚇破膽者大都是因毫無準備所致。

在這個複雜的世界，你不可能對每一件事情都有所防備，甚至於你根本就無法預測到會發生什麼，所以防備也就無從談起。面對隨時發生的變故，勇氣與智慧是應變的良策。

智者往往能根據不同情況做出不同應變，不拘泥於成規。靈活地變通，運用自己的智慧，跳出思維方法的固定模式，充分發揮人的主觀能動性，全方位地看問題，而不為突發的事變所震懾。

有一次，中國駐美國紐約總領事離職回國，紐約市商會為總領事設宴餞行，美國漢學家夏德應約擔任了那位總領事臨別致詞的翻譯。在紐約商會與中國領事館看來，讓夏德先生擔當此任實在是再恰當不過的。

但是當這位總領事起立致詞時，夏德教授卻驚惶失措了，因為總領事說的是福州話，他一句也聽不懂；事到臨頭，他當然不可能向商會當局臨時解釋說中國方言太多，他根本聽不懂福州話。在一瞬間的侷促不安之後，教授情急生智，他竭力做出洗耳恭聽的樣子，不僅默不作聲，而且大做筆記。當領事演說完畢之後，只見夏氏從容起立，用英語為總領事重新演說一番，一開頭他便說，我（總領事）這次離紐約返國，內心充滿了一喜一悲的矛盾。喜的是即將重返祖國與親朋久別重聚，悲的是與紐約新交舊識再次握別……夏氏如此這般發揮了一番，說得文情並茂。當夏的「翻譯」演說結束的時候，全場熱情洋溢，掌聲如雷。

　　可以說夏德教授的急中生智使其巧妙地化解了突發的變故，助其順利地脫離了困境。

　　《誰搬走了我的乳酪？》裡記敘了一則看似簡單的寓言故事，但卻教給了我們一個在工作或生活中處理變化的絕妙方法。因而，自其問世以來，受到了人們的普遍歡迎。為什麼一則寓言故事就能受到世界的青睞？因為它向人們展示了一個如何應對變化的極好方法。

　　無論我們害怕還是喜歡，變故總是無聲中發生，但只要我們能盡快地調整自己去適應改變，我們都能做得更好。

三十五、如何在仇恨當中澆醒自我

仇恨越積越深，仇爭不忍，則會以仇報仇，無休無止，這樣對個人、對事業都沒有益處。只要能認識到仇爭的害處，相信大多數人都能化解矛盾，團結共事。

血氣方剛的年輕人最容易與人結怨。報仇雪恨，自古就不斷發生。不能對其本人洩恨，就對其子孫進行報復。人生在世應謹言慎行，勿結仇怨。使子孫受辱而終得報仇，呂壹結怨於潘浚而不免被誅，誰又能想到李吉甫和陸贄最後會在忠州化干戈為玉帛呢？

霸陵尉被殺，是因為禁止李廣夜行的緣故，庾悅被奪兵權，是因為昔日沒給劉毅鵝肉吃所引起。一時積下的忿恨，釀成日後的災禍。

張敞之所以殺絮舜，只是因為惱怒於絮舜說他只當過五天京兆的話。韓安國能不記恨死灰可溺滅的侮辱之言，而沒有報復田甲。

最殘忍的事莫過於羅織罪名去致人死地，最難的事莫過於是以德報怨。君王也就是長者，溫和而又平易，能夠不計恩仇，使其和諧一致，因而沒有李林甫那種一夜數易其住所的恐懼，只有廉頗、藺相如交歡結好的喜悅。

如何在仇恨當中澆醒自我，那需要心懷大志。

真正心懷大志者，應該不因小事而與人結怨，更應該努力做到以德報怨。寬大自己的仇人，仇人會良心發現，必會找機會相報；反之，冤冤相報，將永遠看不到終點。

一位畫家在市集上賣畫，不遠處，前呼後擁地走來一位大臣的孩子，這位大臣在年輕時曾經把畫家的父親欺詐得心碎而死。這孩子在畫家的作品前流連忘返，並且選中了一幅，畫家卻匆匆地用一塊布把它遮蓋住，並聲稱這幅畫不賣。

從此之後，這孩子因為心病而變得越來越憔悴，最後，他父親出面，表示願意付出一筆高價收買這幅畫。可是，畫家寧願把這幅畫掛在自己畫室的

牆上，也不願意出售。他陰沉著臉坐在畫前，自言自語地說：「這就是我的報復。」

每天早晨，畫家都要畫一幅他信奉的神像，這是他表示信仰的唯一方式。可是現在，他覺得這些神像與他以前畫的神像日漸相異，這使他苦惱不已，他不停地找原因。然而有一天，他驚恐地丟下手中的畫，跳了起來：他剛畫好的神像眼睛，竟然是那大臣的眼睛，而嘴唇也是那麼地酷似。他把畫撕碎，並且高喊：「我的報復已經回報到我的頭上來了！」

這個故事告訴我們，一個人若心存報復，自己所受的傷害會比對方更大。報復會把一個太平無事的人帶到瘋狂的邊緣，報復還能把無罪推向有罪。

仇恨越積越深，仇爭不忍，則會以仇報仇，無休無止，這樣對個人、對事業都沒有益處。只要能認識到仇爭的害處，相信大多數人都能化解矛盾，團結共事。

三十六、如何在爭鬥之中拉出自我

好權的人爭權於朝廷，好利之人爭利於市場，爭來爭去永無休止，就好像殺人奪物之人逞強而不怕死。

錢財能為人帶來好處，同樣也能害人。人們一直沒有想明白，因此而喪失生命。權勢能使人得到寵愛，也能使人備受侮辱，人們為什麼對此不好好深思，而最終被誅呢？

豁達的人有深遠的見解，不去爭奪外物，把利看成汙濁的糞土，將權力看得輕如鴻毛。認為汙濁的東西，自然就能比較容易避開，輕視一樣東西，也能很容易地拋開它。避開了利則能使人無恨，拋開了權則能讓自己輕鬆。還有什麼比過得知足常樂，瀟灑俐落，無所拖累更快活呢？

如何在爭鬥之中拉出自我？只有做到達人遠見，不與物爭才是辦法。

錢財誠可貴，權利價更高；若為生命故，兩者皆可拋。人們為什麼不悟於此而要爭權於朝廷，奪利於市場，而招來羞辱和喪失生命呢？大凡君子往往具有遠見，不與外物相爭，視錢財如糞土，當權力為鴻毛，因此而灑脫、俐落和無比快樂。

紳士過獨木橋，剛走幾步便遇到一個孕婦。紳士很禮貌地轉過身回到橋頭，讓孕婦過了橋。孕婦一過橋，紳士又走上橋，走到橋中央又遇到一位挑柴的樵夫，紳士二話不說，回到橋頭讓樵夫過了橋。

第三次紳士不敢貿然上橋，而是等獨木橋上的人走完才匆忙上了橋。眼看就到橋頭了，迎面趕來一位推獨輪車的農夫。紳士這次不願回頭到橋頭了，摘下帽子，向農夫致敬：「農夫先生，你看，我就要到橋頭了，能不能讓我先過去。」農夫不幹，把眼一瞪，說：「你沒看見我推車趕集嗎？」話不投機，二人爭吵起來。這時，河面上浮來一葉小舟，舟上坐著一個僧人，二人不約而同請僧人為他們評理。

僧人雙手合十，看了看農夫，問他：「你真的很急嗎？」農夫答道：「我真的很急，晚了便趕不上集了。」僧人說：「你既然急著趕集，為什麼不盡

快讓路給紳士呢？你只要退那麼幾步，紳士便過去了，紳士一過，你不就可以早早過橋了嗎？」

農夫一言不發。僧人便笑著問紳士：「你為什麼要農夫讓路給你呢，就是因為你快到橋頭了嗎？」

紳士爭辯道：「在此之前我已讓路給許多人了，如果繼續讓農夫的話，我便過不了橋了。」

「那你現在是不是就過去了呢？」僧人反問道：「你既然已經給那麼多人讓了路，再讓農夫一次，即使過不了橋，起碼保持了你的風度，何樂而不為呢？」紳士的臉漲得通紅。

人生旅途中，我們是不是有過類似的遭遇呢？其實，為別人讓路，也是為自己讓路啊！

不去強求不屬於自己的東西，學會順其自然。違背規律辦事，就會步步艱難；順應規律，就會得心應手，一路坦途。

三十七、如何在酒面前管住自我

酒能傷身，酒能亂性，酒能亂行。酒這東西，喝多了你就無法自控，你也就什麼話都可能說出來，什麼事都可能做出來，可是當你酒後清醒過來，後悔怕是來不及了。

借酒消愁，愁更愁。酒入愁腸，麻醉一時，使自己忘卻煩惱，這大概是貪酒的唯一好處。然而嗜酒如命，貪而不忍，對自身有百害而無一益。要是醉到深處，而酒後失言，只會無故樹敵；酒後失態，也只會讓昔日朋友反目成仇，多年交情化為灰燼。對於酒後的危害古人認識得很清楚，史書中對於古人禁酒，忍受貪杯之歡有許多紀錄。

夏禹雖讚美美酒的甘甜，但又深知「後世必有以酒亡其國者」的道理，因而疏遠了儀狄。周成王為了天下社稷，更是告誡百姓：嚴禁酗酒，對聚眾飲酒之人更是格殺勿論。

鄭國有位大夫嗜酒如命，並特地做了地窖以方便於夜間喝酒，後來遭誅殺。李適之在唐朝時曾任左相，每天飲酒就像大海中的鯨魚吞吸百川的水一樣。因此，千萬不要自誇有酒量而心甘情願當一個遭人唾棄的酒徒。

晉朝的王導曾經勸告迷戀美酒的孔群說：「你經常喝酒，難道就沒有看見蓋酒罈的布，時間久了都腐爛了嗎？」孔群卻說：「你沒有看見肉，用酒糟醃了保存時間會更久一些嗎？」此一問一答，明眼人一聽就能分辨出哪一句是箴言，哪一句是狂語。

西漢漢武帝時灌夫進入朝廷做了太僕。他性情剛直，喜歡喝酒。元光四年，丞相田蚡娶燕王女兒為夫人，太后召集各個諸侯都去慶賀。當時竇嬰、灌夫都喝得爛醉。灌夫敬酒依次到了臨汝侯灌賢面前，灌賢正和程不識悄聲說話，沒有起來還禮，灌夫大怒罵灌賢道：「你平時是個不值一錢的人，今天為年長的人祝壽，你又像婦人似地嘀嘀咕咕！」田蚡勸灌夫說：「程不識和李廣兩人都是東西宮衛尉，現在當眾羞辱程將軍，你難道不為李將軍留點面子嗎？」灌夫說：「今天就要被殺頭，哪裡還知道什麼程將軍、李將軍！」

寶嬰見狀，揮揮手讓灌夫出去。田蚡很生氣，於是就上摺奏告灌夫肆意妄為，要彈劾灌夫。寶嬰求他說灌夫是因喝醉而犯下過失的，可是太后很生氣，就殺了灌夫和寶嬰。

只因為一次酒後失言而留下怨恨，造成身死的慘劇。喝酒誤事、誤己、誤人、誤國的例子比比皆是，怎麼能不節制呢？

日常生活中，我們經常能聽到，為了讓你喝，我今天捨命陪君子，結果你來我往，直到酩酊大醉，往往耽誤大事，橫生禍端，酒雖好喝，可是它卻會誤事害人。

酒能傷身，酒能亂性，酒能亂行。酒這東西，喝多了你就無法自控，你也就什麼話都可能說出來，什麼事都可能做出來，可是當你酒後清醒過來，後悔怕是來不及了。因此，在酒面前管住自我的最佳辦法就是滴酒不沾。

三十八、如何在強者面前完善自我

唯有瞭解對方，才可能超越對方；唯有瞭解對方，才有辦法改變自己。所以，要想有大的進步，必須養成一個習慣：研究你的競爭對手。

兵法有云：「知己知彼，百戰不殆。」打仗如此，做人做事也莫不如此。成大事的法則之一就是仔細研究你的競爭對手，摸透你的競爭對手。

一九九一年全美富豪之一的山姆‧沃爾頓，他是沃爾瑪（Wal-Mart）的負責人，他的資產高達二百五十億美金。

山姆‧沃爾頓開第一家連鎖店的時候，他的人生目標就是要成為行業中的最頂尖者，當他達到這個目標的時候，所有的財富都會洶湧而來。

他每天所做的事情就是早上四點半起來工作，並且非常熱情、非常有行動力地來提供一流的服務，每當他有空的時候，就不斷地研究他的競爭對手。

既然他的目標是要成為行業中的最頂尖者，他必須確保自己做的每一件事情、採取的每一個服務策略，都比他的競爭對手更好。

因此他不斷跑到競爭對手的店裡，看他們到底做了哪些事情，他們到底哪裡比他好，每當他發現競爭對手做得比他好的時候，他就會立刻想出一個方法，在那個領域裡超越他的競爭對手。

唯有瞭解對方，才有可能超越對方；唯有瞭解對方，才有辦法改變自己。所以，想要有大的進步，必須養成一個習慣：研究你的競爭對手。

借鑑對手成功的祕訣

成功最重要的祕訣，就是要採用已經證明行之有效的成功方法。

有些人之所以能達成目標，乃是窮多年之功，歷經無數的失敗，才找出一套特別之道。你只要走進使他們成功的經驗中，也許不久就可以達到像他們那樣的成就。

‧借鑑對手的成功經驗，可以先從模仿開始。

一說起模仿，有人就會援引「東施效顰」、「邯鄲學步」的例子，把模仿貶得一無是處，他們說：「為什麼要模仿別人，借鑑別人呢？要做就要拿出自己的一套來！」這話聽起來很豪壯，殊不知，如果沒有東施效顰的勇氣，沒有邯鄲學步的追求，連模仿也沒有，更談不上借鑑，而離開了模仿和借鑑，又何來創造呢？

因此，從某種意義上來說，模仿也是一種進步。

當然，一味地模仿是不行的。沒有自己的東西，你將永遠跟在對手後面亦步亦趨，始終無法趕上對手，更不用說超越了。

借鑑是從模仿通向創造的橋樑，把對手的東西拿來，結合自己的實情做一番比較，以便取人之長，補己之短，或從中吸取教訓，這就比單純模仿要高明得多了。

· 在對手的失敗處尋找機會

首先，認真研究對手的失敗，可以使自己少走彎路。

前車之鑑，後事之師，研究失敗，可以使自己少走彎路，避免誤入歧途。但是，長期以來，我們只是習慣於總結成功的經驗，卻很少認真總結失敗的教訓，這是很危險的。其次，認真研究對手的失敗，往往可以發現機會。

縱觀我們身邊，許多人從對手的失敗中受益無窮，其最根本的原因就是他們對失敗進行尋根溯底的追問。

再次，認真研究對手的失敗，可以使自己警覺。

既不犯自己犯過的錯誤，又不犯對手犯過的錯誤。凡是對手的經驗，也成為自己的經驗；凡是對手的教訓，也成為自己的教訓。只有這樣的人才是最善於利用失敗價值的人。

有些人的成功，偶然的因素很大，比如「守株待兔」、「瞎貓碰見死耗子」等等。對於那些靠偶然的機會而成功的人來說，認真研究對手的失敗，可以使他們警覺起來，意識到自己往日的成功只是偶然。如果不進行改革，那麼往日成功的經驗，則可能正是明天失敗的原因。

每個人成功的經驗都是人類共有的財富，每個人失敗的教訓也應該成為人類共同的財富。相對於成功的經歷來說，失敗的經歷要比成功的經歷豐富得多；相對於人們所感受的成功經驗來說，目前，人們所感受的失敗教訓簡直少得可憐。

　　對於競爭對手，不論他們是成功者還是失敗者，我們都有研究的必要。

　　瞭解競爭對手為什麼成功，以及他們曾經犯了哪些錯誤。因為當我們在研究成功的時候，我們發現要成功，必須要做成功者所做的事情。同時你也必須瞭解失敗者做了哪些事情，讓自己不要犯那些錯誤，為成功打下基礎。

　　競爭中的對手常常可以做為生活中的良師。要超越別人，要巧妙生存，必須要研究你的競爭對手。

三十九、如何在沉默中爆發自我

有志者事竟成。縱觀千古成帝業、成大事者，莫不是胸懷大志者。

志不立者事無成。人無大志，必定不會有什麼大的作為。

「不在沉默中爆發，就在沉默中滅亡。」——魯迅，那如何在沉默中爆發呢？

· 志當存高遠

有志者事竟成。縱觀千古成帝業，成大事者，莫不是胸懷大志者。志不立者事無成。人無大志，必定不會有什麼大的作為。

有一個農夫意外地拾到了一枚老鷹的蛋。他把這枚蛋和一些雞蛋一起放到了一隻母雞的巢裡，這枚蛋孵出了一隻幼鷹。

這隻幼鷹長大後，行為舉止跟其它的雞一樣，牠咯咯地叫，有時拍拍翅膀像雞一樣只在低空飛幾公尺遠。也像雞一樣，只吃地上的種子和昆蟲。

有一天，牠抬頭仰望天空，看到了一隻老鷹在萬里晴空中繞著大圈子翱翔，在雲中鑽進鑽出的英姿，牠問：「那是什麼東西啊？」

一隻公雞用嫌牠少見多怪的口氣說：「那是老鷹，是最偉大的鳥。」

「太厲害了，我希望跟牠一樣。」

那隻公雞說：「少做夢了，我們跟牠不一樣。」

如果幼鷹放棄夢想，那麼牠一輩子到死都會認為自己是隻雞，但牠卻沒有放棄。雖然多年雞的生活讓牠的翅膀無力、肌肉萎縮，但牠堅持不懈，摔下來，再飛上去。終於有一天牠飛離了雞巢，飛上了藍天，成為了「最偉大的鳥」。

命運，其實就是淪落在雞窩裡的鷹。命運不由天注定，你願意選擇雞一樣的生活，你就會平庸一生、碌碌無為；你願意像鷹一樣展翅翱翔，你就會光耀一生、鵬程萬里。

不相信命運，就須用遠大的志向改變命運。志向越遠大，意志才會越堅定。沒有遠大的志向，一個人一生都只能是別人的陪襯和附庸。

‧博覽群書，藏器待用

人活著應該有個目標、有個方向，否則就會迷茫。這個方向，也就是志向，而志向的建立又需要與學識連繫在一起。成大事者，均有一個良好的學習習慣，「博覽群書，藏器待用」，從而實現心中的理想。只有利用知識的力量，立志方能遠大，立志方可實現。

成大事者，需要養成惜時如金的習慣、勤奮不已的學習作風，方可走向成功。

知識就是力量，十分鐘的時間你也可以利用來讀一些書籍。在自修上下一分功夫，可以助你在事業上得到一分收穫。許多志在成功的人，在早些時候，年薪很低，工作很苦，但他們利用其閒暇的時間，自修學習以求上進，比之他們在日間的工作更為努力。在他們看來，追求知識、要求進步才是真正的大事，而非薪水。

求知，使你富有知識，知識使人多一份生命。一個人越能儲蓄知識便越易致富，因此，零星的努力，細小的進步，日積月累，可以使你更為充實，可以使你更能應付人生。

有人或許以為利用閒暇的時間來讀書得不到多大的成效，其成績總不能與學校教育相等，因而不想在閒暇的時間讀書。這無異於一個人因為自己進帳不多，以為即使盡量儲蓄，也無法致富，所以一有錢便盡數揮霍，不屑儲蓄！但你沒有看見那些利用零星的閒暇時間求得與學校教育相同效果的人嗎？

知識的實質之高，對於我們人生歷程極其重要。在激烈的生活競爭與複雜的生存環境中，你必須以充分的學識作為甲冑。這一切，只有學習知識方可達到。

大多數人的缺點，就是一心希望在頃刻之間成就大事。事情是慢慢成就的，因此你應不斷地努力讀書自修，不斷充實自己的知識寶庫，從而漸漸擴大知識範圍。只有這樣，知識才會越積越多，力量也才會越來越大。

知識的力量是無窮的。你應該相信自己獲取知識的能力。從現在開始，立定一個志向，不斷地學習，不斷地努力，增加自己的知識，增加自己身上的「能量」。「潛龍勿用」，只待來日一飛沖天。

· 學會耐心的藝術

成大事者必須學會耐心，才能把難做的事做下去，把沒有希望的事辦成。

很多人說，做事難，做人更難！單純一件事要把它做好，只要肯下功夫，並不難，但一扯上人際關係，簡單的事也會變複雜。而依人的智慧、經驗、價值觀念以及利益的不同，事情的複雜程度也會有所不同，就好比一條繩子打上了千百個結一樣。世上的事多半是如此，而且越是「高價值」的事越是如此！譬如調整人事，好的職位人人想要，施壓的施壓，想辦法的想辦法，這就是綁了千百個結的繩子；商人要爭取大生意，幾年前就開始布樁、打通人際關係、蒐集情報、訓練人員，每個步驟都會有問題，也都需要解決，這也猶如綁了千百個結的繩子。而要解開這些繩子上的結，需要的就是「耐心」！

要做好一件事，解決一個問題，最需要的是智慧、經驗，光憑這些還不夠嗎？為何還得要有「耐心」呢？有以下幾個原因：

其一，有智慧、經驗的人固然能做好事情，也能解決問題，但如果沒有「耐心」，當他們碰到那些事時，就不知從何下手。所以，一個人如果沒有「耐心」，光有智慧和經驗也無法成就大事。

其二，「耐心」是在和客觀環境比耐力，和競爭對手比毅力，你有「耐心」，就不會輸！

如果因為不耐煩而中途放棄，那就等於前功盡棄。許多人之所以落後於他人，都是因為不耐煩，而不是因為智不如人！

能忍耐一次，便能忍耐二次，這種本領一旦變成習慣，將是成就事業的基礎。

這種「耐心」的本領，年輕人尤其應該學到，不要說你年輕氣盛而「做不到」，那只是一個託詞，你應該意識到一點：越早學到，越早獲益！

· 順勢而動，可成大事

形勢所賦予我們的機會往往是決定性的成功因素。好的形勢則猶如東風，此時順勢而動就猶如順風揚帆，可以事半功倍。所以，把握自己的命運，關鍵要順應形勢，趨利避害，做把握時代脈動的幸運兒。

順勢而動，可成大事。沒有有利於自己發展的時機，沒有順勢而動的膽量和氣魄，就不會有人生的輝煌和事業的成就。

四十、如何在成功後平靜自我

成功只是相對而言。世界上沒有絕對的成功、永遠的成功。即使你已經有了成功的經驗，但你仍要量力而行，有節有制；在成功的前夕仍要小心謹慎，不要讓勝利矇住了雙眼；在決定勝利的那一瞬間，仍要把握時機，斷然前行。

成功是好事，但成功又是壞事。

勝利如果稍不留神，就會走向失敗。

正如月圓月缺、盛極必衰、否極泰來。

《易經》說，一個人在功成名就之後，大權在握，可以隨心所欲。但這時也容易驕狂起來，不再約束自己，並自以為從此天下太平，就放鬆了警惕。剛一開始，出現的問題會被掩蓋起來，最後積少成多，積小成大，就會大亂。

這就是告誡我們要居安思危，萬事不可能一勞永逸。

成功，就像東西煮熟了，可以享用。但水仍在火上，也有使火熄滅的危險。

所以，《易經》說，功成名就之後，要有所節制，就像你拉著車子，要約束自己，不能偏離正道太遠。

既然功成名就，就不要去追逐無關大局的小利。其實，有些小利不必追逐，它自會送上門來。

因此，勝利之後，要保持一顆平常心，不可盛氣凌人。勝利之後更不可張狂，仍要小心謹慎，時時提防。唯有如此，成功才是一件好事，你才會安然。

今天在市場上的勝利者，沒有人敢保證明天還能贏得競爭。明智的經營者應二十四小時保持謹慎，要居安思危，警覺到明天可能出現的不利因素，關於競爭的任何工作都要立刻去做，不可猶豫，須知耽誤片刻工夫，就可能造成莫大的遺憾。

成績只能說明過去，現在一切應從零開始。

事情可以終結，但生命仍在繼續。

世上的事沒有止境，知道了沒有止境，才會通達順利。這就如同小小的狐狸希望渡過大河而達到彼岸時，但尾巴仍拖在水裡，所以，還沒能脫離危險。

成功只是相對而言。世界上沒有絕對的成功、永遠的成功。就像小狐狸一樣，與開始相比渡河已算勝利，但還有其它事情有待去做，自以為成功，趴在岸邊想入非非，就可能招來危險。

世間事，一切都在完成與未完成之間。所以智者說：我們要從勝利走向勝利。

其實，從勝利走向勝利，就是要告別過去，一切從零開始。

重新開始，即使你已經有了成功的經驗，但你仍要量力而行，有節有制；在成功的前夕仍要小心謹慎，不要讓勝利矇住了雙眼；在決定勝利的那一瞬間，仍要把握時機，斷然前行。

一切從零開始，這是智者的行為。量力、待機、斷然前行，你又會走向成功。

但這之後，你仍要告別過去，一切從零開始。

一九六八年，瑞士占據了全世界手錶市場百分之六十五的市占率，獨享世界手錶市場百分之八十以上的利潤。然而在今天，日本卻在世界手錶業中佔據了統治地位。

為什麼瑞士這麼快就被日本擊垮了呢？

答案也許會讓你大吃一驚：是瑞士人的成功導致了瑞士人的失敗！

一九六七年，當瑞士研究人員提出他們的發明——石英錶時，遭到了瑞士本土眾多廠商的嘲笑和拒絕：這種新型手錶上沒有任何滾珠，沒有任何齒輪，沒有任何發條，這樣的東西怎麼可能配得上被稱為「手錶」呢？

當時瑞士的眾多手錶製造商對他們「昨天」的手錶是那麼地自信，甚至根本就沒對這種新想法加以保護。

　　後來當瑞士的科學研究人員在手錶博覽會上展出這種手錶時，一個名叫精工的日本人從石英手錶展台前走過，看了幾眼，回去後很快批量生產推向市場。由於石英錶物美價廉，所以很快就風靡全球。

　　歷史就這樣開始被日本商人改寫了。

　　瑞士商人正是由於不思進取、盲目自大而失去了再一次成功的機會。想一想這個教訓，我們需要隨時警醒自己：昨日的一切已經過去，千萬別被昨日的成功擋住了自己的視線。

　　昨日是作廢的支票，只有今日才是法定的貨幣，並且，只有今天才具有流通的價值。過分留戀昨天，最後只能是將今天也失去。

四十一、如何在讚美面前感受自我

毫無疑問，如果你想在生活中尋求快樂、在事業上有所收穫，就必須完全消除需要得到他人讚許的心理！它是精神上的死胡同，絕不會為你帶來任何益處。

讚許與厭惡、批評、反對相對，是一種積極的處世態度和行為。一個人自從降臨於世，就似乎生活在他人的讚許之中，年輕的媽媽會興奮地告訴自己的小寶寶：「噢，寶寶，你真聰明」、「你笑得真好看」、「你真乖」——那些溺愛寶寶的媽媽甚至會在自己的孩子欺負小朋友後大加誇獎：「噢，你真有本事！」

隨著年歲的增長，我們似乎更加渴望得到他人的讚許。你甚至有可能為了獲得他人的讚許而耗費大量的時光和精力，或者因為得不到他人的讚許而憂心忡忡、悶悶不樂，甚至嫉妒他人。倘若你現在已深陷這種境地——你離不開他人的讚許，而且尋求讚許已成為你生活的一種需求，那麼你現在應該採取一些措施了。

首先，你應該認識到，他人對你的讚許與其說是一種生活的需求，不如說是個人的一種欲望。美國著名心理學家馬斯洛認為，我們每個人成長發展的內在力量是動機，動機是由多種不同性質的需求——生理需求、安全需求、愛與歸屬需求、尊重需求、自我實現需求所組成，各種需求之間，存在著一定的先後順序與高低層次。根據這一理論，我們可以看出，人都希望得到他人的認可與尊重，期望獲得某種榮譽。當我們聽到四周響起的掌聲、聽到他人的讚美之辭時，恐怕沒有人會表現出厭惡與不滿的情緒。因為這種場合會令你精神上受到撫慰，會給你一種美妙的感覺，你當然沒有必要放棄生活中的這種享受。

讚許本身無損於你的精神健康，而受到恭維是一種令人愜意的事情。有些人往往會因此而忘乎所以，喪失原則，否則生活中就不會有那種阿諛奉承之人的存在了。如果面對讚許你已經是心安理得地接受而沒有絲毫警惕之心，那你就陷入了生活的另一種錯誤。

如果你希望得到他人的讚許，這僅僅是期望得到他人的認可；但如果你需要他人的讚許，那麼，當你未能如願以償時便會情緒沮喪、行為異常……。這正是自我挫敗因素之所在。同樣地，當尋求讚許成為你生活的一種需要時，你就會將自己的一部分價值奉獻給他人，因為你必須得到他人的讚許。當這些人提出反對意見時，你就會產生惰性（即使是輕微的惰性）。當你處於這種境況時，你便將自身的價值置於他人的控制之下，由他人來隨意抬高或貶低自己。只有當他們決定施捨給你一定的讚許之辭時，你才會感到高興和滿足。

　　如果心安理得地接受別人的讚許只是渴望心理上被人認可，那需要得到他人的讚許便是一件糟糕的事情，然而，如果你在每件事上都需要得到每一個人的讚許，這就更糟糕了。因為這樣勢必導致你在生活中遇到接連不斷的痛苦與煩惱。此外，你會慢慢建立起一種平庸的自我形象，並且隨之產生一種自我否定心理。

　　毫無疑問，如果你想在生活中尋求快樂、在事業上有所收穫，就必須完全消除需要得到他人讚許的心理！它是精神上的死胡同，絕不會為你帶來任何益處。

　　事實上，有很多人為了達到某些不可告人的目的，善於、勤於為他人製造高帽，往「目標物」頭上送。你的職權越大，越可能成為「目標物」，私底下你肯定會非常開心，但這種事往往會將你拖入泥淖。那麼如何面對別人送給你的高帽呢？

　　你應該冷靜面對，無論你心裡是如何沾沾自喜，也不能喜形於色，對有心人而言，他們就會有「果真如此」的想法，無心者呢？亦可能產生「原來如此」的意念，總之，讓人看穿了心事，有百害而無一利。所以，凡事應該有保留，婉轉地多謝對方的褒獎：「謝謝你的欣賞和鼓勵，我可受之有愧。」但萬勿自滿！

四十二、如何在懷疑面前堅守自我

對於外界的打擊、辱罵、懷疑，也許我們還達不到所謂「愛敵人」的修養程度，但至少應該愛惜自己，不要讓他人來影響你的情緒和健康，要深信清者自清的道理。

英國偉大的戲劇家莎士比亞說：

「不要為了敵人而過度燃燒心中之火。不要燒焦自己的身體。」

對於外界的打擊、辱罵、懷疑，也許我們還達不到所謂「愛敵人」的修養程度，但至少應該愛惜自己，不要讓他人來影響你的情緒和健康，要深信清者自清的道理。

「生活是拿別人的錯誤懲罰自己。」（康德語）有關專家認為，長期積怨不但使自己面孔硬而多皺，還會引起過度緊張和心臟病。

日本有個白隱禪師，他的故事在世界各地廣為流傳。

有一對夫婦，在住處附近開了一家食品店，家裡有一個漂亮的女兒。無意間，夫婦倆發現女兒的肚子無緣無故地大起來。這種見不得人的事，使得她的父母震怒異常！在父母的一再逼問下，她終於吞吞吐吐地說出「白隱」二字。

她的父母怒不可遏地去找白隱理論，但這位大師不置可否，只若無其事地答道：「就是這樣嗎？」孩子生下來後，就被送給白隱。此時，他的名譽雖已掃地，但他並不以為然，只是非常細心地照顧孩子——他向鄰居乞求嬰兒所需的奶水和其他用品，雖不免橫遭白眼，或是冷嘲熱諷，他總是處之泰然，彷彿他是受託撫養別人的孩子一般。

事隔一年後，這位沒有結婚的媽媽，終於不忍心再欺瞞下去了。她老老實實地向父母吐露真情：孩子的生父是在魚市工作的一名青年。

她的父母立即將她帶到白隱那裡，向他道歉，請他原諒，並將孩子帶回。

白隱仍然淡然如水，他只是在交回孩子的時候，輕聲說道：「就是這樣嗎？」彷彿不曾發生過什麼事。即使有，也只像微風吹過耳畔，霎時即逝！

人的一生難免遇上難堪的誤解，遭到他人的懷疑。不論是卑鄙的、惡毒的、殘酷的，你千萬不要因對方沒有根據的懷疑而心生怒氣，變得像對方一樣失去理智。獲勝的唯一戰術就是保持沉默，不和別人發生正面衝突，就連多餘的解釋也沒有必要。因為在這種情況下，相互爭吵辱罵，既不會為任何一方帶來快樂，也不會為任何一方帶來勝利，只會帶來更大的煩惱，更大的怨恨，更大的傷害。

退一步來說，在對罵中沒有占上風的一方，當眾出醜，帶來的只是對自己魯莽行為的悔恨。占了上風的一方，雖然把對方罵得體無完膚，又能怎麼樣？只能加深對立情緒，加深對方的怨恨，在旁觀者的眼裡也不過是一隻好鬥的公雞罷了。

有人受了委屈，或受到他人的誤解，總想當時解釋清楚，透過解釋去化解矛盾，洗刷自己的清白。其實這時最好不要去解釋，最佳的辦法還是保持沉默。因為這時的解釋是杯水車薪，是無法發揮任何作用的。比如，有人說他丟了錢包，你能解釋清楚不是你偷的？有人背後議論你是「白痴」是「騙子」，你聽了能解釋清楚你不是「白痴」？不是「騙子」？諸如此類的解釋，越解釋越對自己不利。

哲人說得好，「棍棒、石頭或許會擊傷我的肌骨，但語言無法傷害我。」

四十三、如何在打擊後重拾自我

遭受打擊並非就是世界末日。有時候，它還是促使我們採取行為的催化劑，對改善狀況大有必要。它能使我們的才智變得靈敏，以幫助我們解決問題。

世上所有人都是平等的，無論是國王或乞丐、詩人或農夫、男性或女性，當他們面對傷痛、失落、麻煩或苦難的時候，他們所承受的折磨都是一樣的。無論多大年紀，不成熟的人會表現得特別痛苦或怨天尤人，因為他們不瞭解諸如生活中的種種苦難，像生、老、病、死或其他不幸，其實都是人生必經的階段。

面對打擊，唯一的辦法——就是接受它。當我們的生活被不幸遭遇分割得支離破碎的時候，只有時間可以把這些碎片撿拾起來，並重新撫平。我們要給時間一個機會。在初受打擊的時候，整個世界似乎停止運行，而我們的苦難也似乎永無止境。但無論如何，我們總得往前走，去履行生命的種種計畫。而一旦我們完成了這些生命中的種種運作，痛楚便會逐漸減輕。終有一天，我們又能喚起過往快樂的回憶，並且感受到被護佑，而不是被傷害。要想克服不幸的陰影，時間是我們最好的盟友，但唯有我們敞開心靈，完全接受那不可避免的命運，我們才不會沉溺在痛苦的深淵裡。

遭受打擊並非就是世界末日，有時候，它還是促使我們採取行為的催化劑，對改善狀況大有必要。它能使我們的才智變得靈敏，以幫助我們解決問題。

印度克里希那穆提曾有過這樣的訓言：

「人的幸福結局並非是平淡、安穩的喜樂，而是轟轟烈烈地與不幸和迫害奮鬥。」

莎士比亞在《哈姆雷特》一劇中也這麼說過：「要採取行為以抵制困境，在打擊中堅強不屈。只有對抗，才能結束困境。」這是擺脫打擊的方法。

吉米現年二十一歲，家就住在沙塵暴地帶內，雙親的一生都在為生存而與風暴及乾旱奮鬥。

自從雙親過世之後，年輕人便擔負起家計的重擔。直到有一天，他們實在到了山窮水盡的地步——沒有農作物可以收割，農倉裡一無所有，他們就要餓肚子了——年輕人眼望著農舍屋頂上面的落塵，卻也只能一籌莫展地坐著發愁。忽然他八歲的小妹妹開門走進來，身旁還跟著一個她的好朋友。

「吉米，你可以給我十美分嗎？」她渴切地問道：「我們想到店裡去買些餅乾，我們每個人都需要十美分。」

吉米久久說不出話來——因為他想不出一個好理由來拒絕。但他沒有十美分，搜遍了全身的口袋也找不到十美分。

「妹妹，非常對不起。」他溫和地說道「我沒有十美分。」

當天晚上，吉米翻來覆去睡不著覺，因為他永遠也忘不了妹妹臉上失望的表情。有生以來，他歷經過不少打擊——雙親去世、工人離職、沙塵暴的襲擊……但沒有一次像今天一樣——他居然沒有十美分可以滿足自己年幼的小妹妹……這麼卑微的要求……難道自己連這麼一點要求也無法滿足她嗎？吉米決定開始採取行動改變現狀。

吉米一直想當一名教師，但是自從雙親過世之後，他認為自己最好留在家裡，擔負起農場的工作。但是，眼見農場一再受到沙塵暴的摧殘，使他不得不考慮從事其他的工作。於是第二天，吉米到鎮上幫自己找了一分臨時工作，從那時起，他借來許多書，每天都認真研讀到深夜，以準備有朝一日能得到他真正想要的工作——當一名教員。果然，他後來終於在一間鄉村學校找到教職。由於他努力不懈，不但終能如願以償，也贏得了鄰居的讚美與尊敬。

吉米在經受不斷打擊的過程中，並沒有對生活失去信心，相反地，在困境中改變了生活的方向，並且突破了困難，最後終於達到自己所追求的目標。

一個人如果隨時忙於自己的事業，便不可能有時間去詛咒自己的不幸。

這便是百分之百的成熟──也就是我們要面對問題的方法。我們每個人有生之年都要面對這樣的考驗──你、我，還有住在我們隔壁的鄰居。

四十四、如何在平凡當中提升自我

沒有把平常日子過好的人，不會品味到人生的幸福，沒有珍惜平常的人，不會創造出驚天動地的偉業，因為平常包容著一切，孕育著一切，一切都蘊含在平常之中。

生命與生活是美麗的，這種美麗，恰恰蟄伏於最容易被我們忽略的平平常常之中。

對於平常的無端蔑視和漫不經心也許是我們最經常、最易犯又最不可寬恕的錯誤之一。令人吃驚的是，竟有那樣多的人對平常是那樣地不屑一顧，儘管他們幾乎一生都是在平平常常中度過。而久違的朋友相見問候時，竟還有人大手一揮：過得很普通！便一語帶過了，殊不知那麼多生命情趣也隨之一揮而去了。

仔細一想，實在有些不可思議。

的確，較之於那些叱吒風雲的偉人，驚天動地的功績，平常之人的平常之事，就未免顯得平淡無奇了。但是，平常畢竟是生命的主體，也是生活的主體。就絕大多數人而言，終生作為平常之人，擁有平淡無奇的生命；就絕大多數職業來說，永遠只擁有平淡無奇的紀錄。即使是燦爛多彩的社會生活，那種波瀾壯闊的英雄之勢，驚心動魄的歷史事件，畢竟也只在很少的時候出現。在絕大多數的時候，社會的腳步也只是悄無聲息地移動，猶如一條平淡無奇的河流。

因此，對於生命主體和生活主體的蔑視甚至否定，實質上就是對生命和生活本身的蔑視與否定，而蔑視和否定生命和生活的本身，就只會陷入一種無所作為的「莫比烏斯帶」，使生命的意義和生活的情趣蕩然消逝，應該說，這確是我們生命的一大錯誤和一道凋殘的敗景。

既然平常是生命和生活的主體，珍惜平常對我們來說就顯得特別重要。當我們以一種極為珍惜的感情，去平平常常地生活時，就不免意外地發現，平淡無奇的深處也蟄伏著驚人的美麗：那披著燦爛雲霞的黎明；那熙熙攘攘

的自行車流；那提籃買菜聽到的大聲吆喝；那廚房的鍋碗瓢盆的聲響；那羽毛般潔白的流雲，那流雲般燦爛的花朵；那花朵般迷人的少女，那少女般柔情的湖水，無不令人怦然心動；至於人與人之間在平常中的無數交流，默契理解，如真誠的問候，陌生的微笑，困難時的微薄相助，勝利時的歡樂共振，也無不令你感激陶醉。

平常之所以值得珍惜，既是因為它存在於現實之間，每個人都毫無例外地擁有，又是因為它深潛著理想基因，並非每個人都能發掘。而且一旦失去之後，它就會顯示出驚人的價值和增值的能力。

一位國外知名作家在失去自由隱居一年之後，有人問他最想念什麼，他深有感觸地回答：「我想念的是平常的生活。在街上散步，到書店裡從容瀏覽書籍，到雜貨店裡買東西，到電影院去看一場電影……我想念的只是這些平常的小事情，你有這些事情可做時，認為一點都不重要，但當你不能做的時候，才知道那是生命中的要素，是真正的生命。沒有了這些事情，是最大的剝奪。」這段表白，真是再樸素不過地闡述了平常的價值。

再進一步說，即便是那些叱吒風雲的偉人，他們的不平常也是寓於大量的平常之中。偉人的神祕感是千百萬人用想像創造出來的。偉人在做出改變歷史的決定時顯示出非凡的智慧和勇氣，但他們的大量日常生活，依然是和千百萬人一樣，在默默之中度過。平常之事到了偉人們身上變得那麼光彩四溢，恰恰說明了平常之事鮮為人知的深層價值。這種價值，在我們去做時也同樣存在，不過我們因司空見慣而不去發掘，或是不屑於發掘罷了。

珍惜平常絕不意味著要你安於現狀無所作為。人類的偉大在於生命永不休止的渴望和追求，歷史的遞嬗在於千百年創造歷史的人們永無休止的勞作。生命是一個過程，而生活是一條小舟。當我們駕著生活的小舟在生命這條河中款款漂流時，我們的生命樂趣，既來自於與驚濤駭浪的奮勇搏擊，也來自於對細水微瀾的默默尋思，既來自於對偉岸高山的深深敬仰，也來自於對草地低谷的切切愛憐。所以我們平常的生命，平常的生活，一經昇華，就會變得不那麼平常起來。因為，生命和生活是美麗的，這種美麗，恰恰蟄伏於最容易被我們忽略的平平常常之中。

沒有把平常日子過好的人，不會品味到人生的幸福，沒有珍惜平常的人，不會創造出驚天動地的偉業，因為平常包容著一切，孕育著一切，一切都蘊含在平常之中。

四十五、如何在細節中成就自我

　　不要以為小而忽略任何事情，很多事都是因小而失大的。疏忽一時，則可能遺恨終生。能夠注重小的問題，仔細調查研究，才能夠發現大的問題，防止出現嚴重後果。凡事要防患於未然。

　　《荀子‧勸學》中說：「積土成山，風雨興焉，積水成淵，蛟龍生焉；積善成德，而神明自得，聖心備焉。故不積跬步，無以至千里；不積小流，無以成江海。」告訴人們應該重視細微小事及其積累。

　　《老子》說：「合抱之木，生於毫末；九層之臺，起於累土；千里之行，始於足下。」告訴我們這樣一個道理，一切事物都是由小到大發展變化來的，都有一個由量的累積到本質變化的過程。一個人或善或惡也是逐漸變化，不斷累積的結果，因此不能對小事情有所疏忽，應該慎對微小的變化，要慎微才能察事。勿以善小而不為，勿以惡小而為之。

　　呂坤《呻吟語‧治道》中說：「人情之所易忽莫如漸；天下之大可畏莫如漸。漸之始也，雖君子不以為意；有謂其當防者，雖君子亦以為迂。不知其極重不反之勢，天地聖人亦無如之奈何。」也就是說，對於人來講，就是對於微小的東西容易輕視。什麼東西剛一發生，就是有遠見的人也不以為意，認為有什麼了不起。如果這時候有人說應該重視它，防範它，就是具有非凡智慧的人也會認為是太過迂，太保守了。正是這樣，很多人不知道積重難返，已經形成了惡果之後，就是天地之間的偉人、聖人也毫無辦法。能夠認識到這一點，從事物剛一發生的時候就注意它的發展情況，預測發展結果，才能避免重大事情一旦發生，手足無措。

　　以小見大，見微知著，才能令當政之人善於用人，善於做事，能夠防微杜漸，才能防患於未然。古人對此有這樣的議論：「勿謂小而弗戒，潰堤者蟻，螫人者薑。勿謂微而不防，疽根一粟，裂肌腐腸。患嘗消於所慎，禍每生於所忽。與其行賞於焦頭爛額，孰若受諫於徒薪曲突。噫，可不忍歟！」

疽，就是惡瘡，剛起時不過像米粒那麼小，趁早治療則容易治，晚了就會難治，以致於肌肉皮膚破裂，腸胃腐爛，直到死。

古人認為應該注重細節，不要疏忽大意，對凡事粗枝大葉，不仔細研究，遇事只知其一，不知其二的作法是不贊成的。他們對於疏忽之忍有不少議論。

《關尹子》上記載有這樣的議論：「不要輕視小事，船上只要有一個小縫隙就能讓船沉了；不能輕看小東西，小蟲也能毒害人身；不要輕視小人物，小人物往往危害國家。」

東漢時陳忠上疏說：「我聽說輕是重的開端，小是大的淵源。所以長堤潰決於螞蟻洞，空氣洩漏於針眼。因此明智的人謹慎細微，有智者能掌握時機。同樣，不禁止小偷小摸，就會招致強盜。」

唐代裴中丞的〈乞討賤狀〉中說：「蜂蠍小，卻能害人，必須致力剪滅撲伐，才能形成和平之勢。」

古之奇著〈縣令箴〉上說：「不要輕視小東西，蜂蠍雖小卻有毒；不要輕看小路，小路上往往可以顛覆大車。」

禍患在人謹慎時往往會消失，也就是《易經》「坤四」中所說的，考慮得周到，謹慎小心就沒錯。就是說陰處在陰的位置就沒有相輔相成之態，這是很危險的處境，但如果能謹慎，就不會有害。

唐太宗對群臣說：「朕時常擔心驕橫奢侈生於富貴，災禍患亂生於疏忽。」唐太宗明理善察，才能總結出這樣的至理名言。

不要以為小而忽略任何事情，很多事都是因小而失大的。疏忽一時，則可能遺恨終生。能夠注重小的問題，仔細調查研究，才能夠發現大的問題，防止出現嚴重後果。凡事要防患於未然。

四十六、如何在抉擇之時把握自我

放棄，是為了更好地得到，是在放棄中進行新一輪的進取，絕不是三心二意、見異思遷。

人生苦短，韶華難留。選擇目標，就要鍥而不捨，以求「金石可鏤」。但若目標不適，或主客觀條件不允許，與其蹉跎歲月，徒勞無功，倒不如學會放棄，如此才能柳暗花明，再展宏圖。班超投筆從戎，魯迅棄醫學文，都是「改換門庭」後而大放異彩的楷模。可見，如果能審時度勢，揚長避短，把握時機，放棄，既是一種理性的表現，也不失為一種豁達之舉。

生活在五彩繽紛、充滿誘惑的世界中，每一個心智正常的人都會有理想、憧憬和追求。否則，他便胸無大志，自甘平庸，無所建樹。

然而，歷史和現實都告訴我們：必須學會放棄！

放棄，其實是為了更好地得到，是在放棄中進行新一輪的進取，絕不是三心二意、見異思遷。

親鸞上人九歲的時候，父母雙亡，便拜慈鎮禪師為師出家修行。

親鸞上人非常羨慕師父取得的成就，他很想成為像師父一樣的人。而且他的理想更遠大，要超越師父，在一切方面都比他身邊的人強。他不但學習佛法，而且琴、棋、書、畫樣樣研習。可是，許多年過去了，他在其他方面都有長進，但參禪悟法進步始終不大。他很苦惱，就向師父求教。

慈鎮禪師說：「我們登山吧，到山頂你就知道該如何做了。」

那山上有許多晶瑩的小石頭，煞是迷人。每見到親鸞上人喜歡的石頭，慈鎮禪師就讓他裝進袋子裡背著，很快，親鸞上人就吃不消了。「師父，再背，別說到山頂了，恐怕連動也動不了了。」他疑惑地望著慈鎮禪師。

「是啊！那又該怎麼辦呢？」慈鎮禪師笑問。

「該放下。」

「那為何不放下呢？背著石頭怎能登山呢？」慈鎮禪師笑了笑說，「其實，人要有所得必要有所失，只有學會放棄，才有可能登上人生的極致高峰。」

親鸞上人一愣，忽覺心中一亮。

從此，他放棄了琴、棋、書、畫，一心參禪悟法，終成了日本一位著名的禪師。

其實，放棄之所以難做到，是因為它看來就是承認失敗、就是認輸。在我們所受到的教育裡，強者是不認輸的。所以我們常常被一些高昂而英雄氣的光彩詞語所激勵，以不屈不撓、堅定不移的精神和意志堅持到底，永不言悔。是的，人需要百折不撓，要有堅強的意志和毅力向目標而奮鬥。但是，奮鬥的內涵不僅是英雄不言悔、不屈不撓地對原來的目標堅定不移、忠誠不二，人生的道路還需要常常修正目標、調校方位，在死胡同堅持走到底的並不是英雄，死不認輸只會毀掉自己。這種人連自己的心結都沒有勝過，怎麼可能成為強者，成為英雄？不過是畏懼失敗、沒有自信罷了。

真正的強者，還要學會認輸、學會放棄。放棄了才能重新選擇，才有機會獲得成功。拿得起，也要放得下；反過來，放得下，才能拿得起。

四十七、如何在拖延面前改變自我

一日有一日的理想和決斷。昨天有昨天的事，今天有今天的事，明天有明天的事。今天的理想，今天的決斷，今天就要去做，絕對不要拖延到明天。

凡事愛拖延，是一種惡習。惡習就是指不好的習慣，俗話說：「惡習難改」，是因為它是對人長時間的影響，是一種頑症。

拖延的惡習，往往讓人失去生命中所追求的東西，並使人的時間、精力和情感在無謂的浪費中變得一文不名。

人們經常會緬懷過去，憧憬未來，可是，過去已經過去，未來還太遙遠，它們都無法掌握在自己的手中，所以，最重要的還是現在，最容易掌握的也是現在。

生活中常有這樣的事情發生：朋友打電話來有事找，你不在，同事轉告你，叫你有空給朋友回電話，但你沒有立即回電話，而是一天一天地向後拖延，直到有一天記起來，才打電話給朋友，朋友在電話裡說，前幾天正好有一筆生意介紹給你，一直等不到你，只好告吹，你聽後一定追悔莫及。又有不少人寫信給你，其中有一些必須立刻回信，但每次你都會偷懶地想：「等一下吧。」一直等到信都找不到了，才開始懊悔。

說到底，你應該一日有一日的理想和決斷。昨天有昨天的事，今天有今天的事，明天有明天的事。今天的理想，今天的決斷，今天就要去做，絕對不要拖延到明天，因為明天還有新的理想與新的決斷。

放著今天的事情不做，非得留到以後去做，其實在這個拖延中所耗去的時間和精力，就足以把今天的工作做好。所以，把今天的事情拖延到明天去做，實際上是很不划算的。比如寫信就是一例，一收到來信就回覆，是最為容易的，但如果一再拖延，那封信就不容易回覆了。

命運常常是神奇的，好的機會往往稍縱即逝，有如曇花一現。如果當時不善加利用，錯過之後就追悔莫及。

決斷好了的事情拖延著不去做，還往往會對我們的品格產生不良影響。其實，人人都能下決心做大事，但只有少數人能夠一如既往地去執行他的決心，而也只有這少數人是最後的成功者。不知道你是不是這少數人中的一員？

畫家說，一個神奇美妙的構想突然躍入他的思想裡，迅速得如同閃電一般，如果在那一剎那間他把構想畫在紙上，必定有意外的收穫。但如果他拖延著，不願在當時動筆，那麼過了許多日子後，即使再想畫，那留在他思想裡的好作品或許早已消失得無影無蹤了。

作家說，當一個生動而強烈的意念突然閃現在他的腦海時，他就會生出一種不可遏制的衝動，提起筆來，要把那意念描寫在紙上。但如果他那時因為有些不便，無暇執筆來寫，而一拖再拖，那麼，到了後來那意念就會變得模糊，最後，竟完全從他的思想裡消失無蹤了。

靈感往往轉瞬即逝，他不會光顧懶漢。所以應該及時抓住，要趁熱打鐵，立即行動。

沒有別的什麼習慣比拖延更為有害，更沒有別的什麼習慣比拖延更能使人懶怠、減弱人們做事的能力。如果拖延的惡習不改，就不可能會成功。

「立即行動」，這是成功者的格言，只有「立即行動」才能將人們從拖延的惡習中拯救出來，才能使拖延的惡習迅速死亡。

四十八、如何在偏見面前糾正自我

所謂偏見，指的是人們對某事持有的觀點或成見，而這種觀點或成見其實並不符合客觀事實或與邏輯推理相違背。偏見，最容易把人引入歧途。

偏見是一種很主觀的成見，因此帶有很強烈的個人色彩。每個人都會有一些偏見，只不過是輕重而已。

最容易把人引入歧途的思維，其實就是偏見。所謂偏見，指的是人們對某事持有的觀點或成見，而這種觀點或成見其實並不符合客觀事實或與邏輯推理相違背。

嚴重的偏見所帶給我們生活的消極影響是有目共睹的。從家庭糾紛到同事之間的矛盾，從種族歧視到性別霸權，從宗教紛爭到國家之戰，都無法擺脫偏見作祟。

偏見的形成來自於自身人格的僵化，人格僵化的原因來自以下多個方面：

（一）光環效應

光環效應對我們認識他人的影響很大。

一位演講者在一所大學二個班級分別做了內容相同的演講。演講結束後，一個班的學生與演講者一見如故，親密攀談；而另一個班的學生對他卻敬而遠之，冷淡迴避。同一個人，結果何以如此相異懸殊？原來這是美國心理學家凱利做的一個心理實驗。演講前凱利對一個班的學生說，演講者是如何熱情可親、平易近人，而對另一個班則說，演講者是如何冷峻嚴肅，不易接近。結果，學生們戴著這種有色眼鏡去觀察演講者，演講者被罩上了不同色彩的光環。這就是「光環效應」。

這一效應提醒我們，在真正瞭解一個人之前，切不可太重於事前得到的印象。

（二）首因效應

對於首因效應，心理學家洛欽斯做過這樣一個實驗：

洛欽斯拿出兩段描寫一個叫吉姆的人的個性的文字材料，一段描寫吉姆個性外向，開朗活潑，勇武好鬥；一段描寫吉姆個性內向，閉鎖沉靜，退縮無爭。洛欽斯把材料分成二組，一組將描寫吉姆個性外向的文字放在前面，一組將描寫吉姆個性內向的文字放在前面。然後請兩組水準相等的中學生閱讀，請他們對吉姆的個性做總評。結果顯示，閱讀先描寫外向個性的一組學生，有百分之七十認為吉姆是個比較外向的人；閱讀先描寫內向個性的學生，只有百分之十八認為吉姆是個比較外向的人。這一結果在後來對人的評價實驗中也得到了驗證，這就是「首因效應」。

這一效應提醒我們，一方面我們在初次與人交往時應當盡量讓別人留下好的印象，另一方面，不能太受別人初始印象的影響，而應把它僅僅看成是一次感覺而已。

（三）定勢效應

在一所小學裡曾經有過這樣一件真實的事情：

一個班長欺負了班上一個小同學。這個同學向老師報告，老師一聽馬上說：「你說其他人欺負你我還相信，說他欺負你這不可能！」

這是一種典型的定勢效應，就是拿以往對一個人的印象去代替他的現實。當我們對某人形成了穩固的印象時便很難改變，好的白璧無瑕，壞的一無是處。所以，我們在認識他人時，應當靈活一些，防止定勢作用禁錮了我們的頭腦。

（四）自比作用

如果有一個陌生人，要你猜測他的品行、個性特徵等，你知道最大的可能性是什麼嗎？心理實驗證明，最大的可能性是把他估計得和你一樣。人們有一種傾向，總是假設他人與自己相同，當經濟地位、教育程度、年齡相仿時尤其如此。自己好客也猜測別人好客，自己喜歡聚會也認為別人喜歡聚會，自己喜歡運動也預估別人喜歡運動，自己肚子餓了，會相信其他人也餓了。

自比作用在預估與自己相類似的人時，準確性當然會高一些，但也不完全可靠，因為二個人不可能完全一樣。而遇到和自己不相似的人時，危險性

就更大了，誤解往往因此而產生。所以，在認識他人的時候，要防止成見和偏見，也必須注意克服自比作用的影響。

那麼又該如何擺脫偏見呢？

‧培養自己寬容的心態

寬容的心態是長期修養的結果，它是以對生活的領悟為基礎的。我們必須鍛鍊著接受我們自己的需求、衝動和欲望，接受人的侷限性，了解世界是多樣的，真理是相對的，對同一個事物可以從不同的角度來看。

‧鍛鍊自己從理性的角度思考問題

在思考問題時，不要盲從、感情用事，要善於傾聽別人的意見，要鍛鍊自己冷靜客觀的態度。

‧增加見識，擺脫愚昧

瞭解得越多，越能消除偏見。敢於反抗權威，敢於向陳規陋習挑戰。反省別人的態度對自己的影響，檢討自己的人格。

四十九、如何在小聰明面前約束自我

真正聰明的人會使自己的聰明深藏不露，或者不到火候時不輕易使用。

生活中有這樣一些人，聰明形於外，總是自以為聰明而逞能，耍點小手段、小心計、小伎倆，往往是沒有看到客觀事物的全局，最終的結果與他們的初衷大相逕庭，自討沒趣。

喜歡耍小聰明的人，往往會「聰明反被聰明誤」、「賠了夫人又折兵」。有這樣一個發人深省的故事：

北天竺有一個木師，技藝高超，做了一個木頭女子，這木女面容端正，舉世無雙，她的服飾也齊整如新，與世間女子毫無差別。她也能走來走去，斟酒待客，只是不會說話。

當時南天竺有一個畫師，很擅長作畫，是木師的好友。一日，木師備好酒食，請畫師前去做客。畫師如約而至，木師便讓木女來斟酒端食，從白天一直吃到晚上，畫師始終不知這是個木頭美人，以為是個真人，對她很是喜歡。

當日天色已晚，木師進裡面去休息，也請畫師在那裡住下，並留下這木女服侍他，對他說：「專門留下這女子，可以和她一起休息。」

當主人進屋後，木女還站在燈下。畫師便叫她過去，但這女子沒有動。他以為是這女子害羞，所以才不過來。於是就上前去拉她的手，這時才知道原來是個木頭人。於是感到很是羞愧，心裡想：「這主人欺騙我，我定要報復他。」於是畫師便在牆上畫了自己的畫像，畫中人所穿衣服也與自己相同。在畫上，這人用繩懸頸，好像已吊死的樣子。畫完後，就關好門，自己爬到床下休息。

天亮後主人出來，見門沒開，就向屋裡看，只看見牆上客人被吊死的模樣。木師大驚失色，以為畫師真死了，便破門而入，用刀砍繩。這時，畫師從床下爬出來，木師見狀慚愧不已。

畫師對他說：「朋友之間應坦誠相待，今我倆互相欺騙，朋友之情已盡，互不相欠了。」木師自作聰明，本想在朋友面前炫耀一番自己的才學，不料聰明反被聰明誤，不但被人愚弄，而且失去了一個朋友。可見自作聰明，的確害人不淺呀！

　　聰明是人的一個長處，但聰明也會讓人傲了心性，進而糊塗，這就是聰明反被聰明誤的心理原因。對聰明人來說，是這樣，如果你本不聰明，而故作聰明狀，那就更不是滋味了，因為你會因此而玩弄了你自己。

　　古人說：「聲色未必障道，聰明乃障道的屏藩。」意思是說，聲色可能迷惑不了意志堅強者，但是，人的偏見、陋習卻是很難自覺。自作聰明的危害大於聲色的誘惑啊！真正聰明的人會使自己的聰明深藏不露，或者不到火候時不輕易使用，一定要貌似渾厚，讓人家不眼紅你。

　　事物是複雜的，不顧客觀實際，一味循著自己的思路去考慮問題，賣弄小聰明，是愚人的行為，是招災引禍的根源。多點踏實，多點考慮，應為自作聰明者戒呀！

五十、如何在欲望面前節制自我

無以厭足的欲望，常常是使人罹禍的根源。巧取豪奪，這是害人；一朝東窗事發，身陷囹圄，這是害己。到頭來，那金幣的清脆的聲響，實際上成了貪婪者的喪鐘。

人有欲望是因為人有需求。說制欲，不說戒欲，是因為人的欲望大體上都由人的需求而來。就需求而言，人需要吃飯，便思謀著弄到食物；人需要愉悅身心，便希求五彩的美色和美妙的音樂；人需要消除勞頓，便總是想著如何使自己安逸舒適。這些欲求，實在都出自人天性的需要。

而且，從某種意義上來說，也正是這些來自人天性需求的各種欲望，推動人類用自己的創造打扮了自己的生活和這個世界，使人的世界一天天變得美好。

人的欲望既是出自人的天性，就不能沒有，也不可能沒有，要戒絕是不可能的。

人雖很難戒欲，但要能做到制欲。制欲，就是要求人不能放縱自己的欲望，不能貪得無厭，欲壑難填。人對外物的追求應該是與人的需要相符合的，而人又本該是自己需要的主人，是自己欲求之物的主人。

一個人去沙漠中尋找寶藏，可是寶藏沒找到，所帶的食物和水都已經沒有了。沒有食物，也沒有水，身上沒有一點力氣，他只能靜靜地躺在那裡等待死亡的降臨。

在死的前一刻，他向神做了最後的祈禱：「神啊，請幫助我這個可憐的人吧！」

神真的出現了，問道：「你想要什麼呢？」

他急忙回答說：「我想要食物和水，哪怕是很少的一份也行。」

神於是滿足了他的要求。他吃飽喝足之後，又繼續向沙漠深處走去，很幸運地，他找到了寶藏，那些寶藏在那裡散發著奪目的光彩。他貪婪地將寶藏裝滿了身上所有的口袋。

　　但是他已經沒有足夠的食物和水來支持他走完剩下的路。他帶著寶藏向回走，由於體力不斷下滑，他不得不扔掉一些寶藏，他一邊走一邊扔，到最後把身上所有的東西都扔掉了。最後，他躺在地上，臨死之前，神又出現了，問道：「現在你要什麼？」

　　他回答道：「食物和水！」

　　尋找寶藏的人到死才明白，自己所需要的不是富可敵國的寶藏，而僅僅是維持生命所需要的食物和水。有欲望無可厚非，但如果不知節制，下場便是如此。

　　無以厭足的欲望，常常是使人罹禍的根源。比如一心鑽進錢眼裡，就會忘記自己應該是金錢的主人這一根本，而做出蠢事來。巧取豪奪，這是害人；一朝東窗事發，身陷囹圄，這是害己；即使一朝得逞，可以大肆揮霍，但沉溺酒色，淘空了身子，最後也還是自己葬送自己。到頭來，那金幣清脆的聲響，實際上成了貪婪者的喪鐘。

五十一、如何在名聲面前看淡自我

追求名聲，一旦超出限度、超出理智時，常常會迷失自我，不是你想做什麼就做什麼，而是名聲要你做什麼你就得去做什麼。

二十世紀初，法國巴黎舉行過一次十分有趣的小提琴演奏會，這個滑稽可笑的演奏會，是對追求名聲之人的莫大諷刺。

巴黎有一個水準不高的小提琴演奏家準備開獨奏會，為了出名，他想了一個主意，請喬治·安奈斯可為他伴奏。

喬治·安奈斯可是羅馬尼亞著名作曲家、小提琴家、指揮家、鋼琴家——被人們譽為「音樂大師」。大師禁不住他的哀求，終於答應了他的要求，並且還請了一位著名鋼琴家臨時幫忙在台上翻譜。小提琴演奏會如期在音樂廳舉行。

可是，第二天巴黎有家報紙用了道地的法蘭西式俏皮口氣寫道：「昨天晚上進行了一場十分有趣的音樂會，那個應該拉小提琴的人不知道為什麼在彈鋼琴；那個應該彈鋼琴的人卻在翻譜；那個頂多只能翻譜的人，卻在拉小提琴！」

這個真實的故事告訴世人，一味追求名聲的人，想讓人家看到他的長處，結果人家偏偏看到了他的短處。

德國生命哲學的先驅者叔本華說：「凡是為野心所驅使，不顧自身的興趣與快樂而拚命苦幹的人，多半不會留下不朽的遺物。反而是那些追求真理與美善，避開邪想，公然向全體的利益挑戰並且蔑視它錯誤的人，往往得以不朽。」

居里夫人是發現鐳的著名科學家，為人類做出了卓越的貢獻，她又是怎樣對待名聲和榮譽的呢？一天，居里夫人的一個女友來她家作客，忽然看見她的小女兒正在玩英國皇家學會剛剛頒給她的一枚金質獎章，便大吃一驚，忙問：「瑪麗亞，能夠得到一枚英國皇家學會的獎章，這是極高的榮譽，你怎麼能給孩子玩呢？」

居里夫人笑了笑說：「我是想讓孩子從小就知道，榮譽就像玩具，只能玩玩而已，絕不能永遠守著它，否則將一事無成。」

諺語云：「名聲躲避追求它的人，卻去追求躲避它的人。」

這是為什麼？叔本華回答得好：「這只因前者過分順應世俗，而後者能夠大膽反抗的緣故。」

就名聲本身而言，有好名聲，也有壞名聲，還有不好不壞的名聲。喜歡好名聲，鄙視壞名聲，這是人之常情。有人稱名聲為人生的第二生命，有人認為名聲的喪失，有如生命的死亡。蒙古族還有一句諺語：寧可折斷骨頭，也不損壞名聲，這些話都是為了維護好名聲，其涵義是做人就要做個堂堂正正的人，不做那些偷雞摸狗壞名聲之事。

名聲是一個人追求理想，完善自我的必然結果，但不是人生的目標。一個人如果把追求名聲作為自己的人生目標，處處賣弄自己，顯示自己，就會超出限度和理智。人一旦超出限度、超出理智時，常常會迷失自我，不是你想做什麼就做什麼，而是名聲要你做什麼你就得去做什麼。

五十二、如何在利益面前清醒自我

用羊引誘老虎，老虎貪羊而落入獵人的陷阱；把誘餌投給魚，魚貪餌而忘了性命之憂。貪圖小的利益而忘了大的禍害，對此又怎麼能不忍耐、不迴避呢？

古人云：「以羊誘虎，虎貪羊而落井；以餌投魚，魚貪餌而忘命。貪小利而忘大害，豈可不忍、不避？」用羊引誘老虎，老虎貪羊而落入獵人的陷阱；把誘餌投給魚，魚貪餌而忘了性命之憂。貪圖小的利益而忘了大的禍害，對此又怎麼能不忍耐、不迴避呢？

的確，貪小利而忘大害，是許多人都會犯的毛病，這種毛病就像痼疾一樣難以治癒。縱觀歷史，匕首隱藏在荊軻的地圖中，貪圖土地的人是秦始皇；毒刃隱藏在魚腹裡，沉溺美味的人是吳王。因此，千萬別貪圖小利而忘大害。在利益面前，我們必須忍住貪婪之心。

有這樣一個故事：

有一個農民想要買一塊地，他聽說有個地方的人想賣地，便決定到那裡打探一下。到了那個地方，他向人詢問：「這裡的地怎麼賣呢？」

當地人說：「只要交一千塊錢，然後就給你一天時間，從太陽升起的時間算起，直到太陽落下地平線，你能用步子圈多大的地，那些地就是你的了，但是如果不能回到起點，你將無法得到一寸土地。」

這個人心想：「那我這一天辛苦一下，多走一些路，豈不是可以圈很大一塊地，這樣的生意實在是太划算了！」於是他就和當地人簽訂了合約。

太陽剛一露出地平線他就邁著大步向前疾走，到了中午的時候，他回頭已經看不見出發的地方了才拐彎。他的步子一分鐘也沒有停下，一直向前走著，心裡想：「忍受這一天，以後就可以享受這一天的辛苦所帶來的歡悅了。」

他又向前走了很遠的路，眼看著太陽快要下山了，他心裡非常著急，因為如果他趕不回去的話就一寸地也不能得到了，於是他往回趕，可是太陽也馬上就要落到地平線下面了。於是他加緊了腳步，只差二步就要到達起點了，

但是他的力氣已經耗盡，倒在地裡，倒下的時候二隻手剛好觸到了起點的那條線。

　　貪婪的人獲得了那片土地，可是又有什麼用呢？因眼前的利益而失去了寶貴的生命，利益對自己來說又有什麼意義呢？正所謂「利慾薰心」，對於眼前的利益，我們都應該隨時保持清醒。

五十三、如何在多疑面前戰勝自我

疑心的根源產生於對事物缺乏認識，所以多瞭解情況是排除疑心病的有效方法。

疑心病很重的人，對什麼都心存芥蒂，「杯弓蛇影」、「草木皆兵」、「杞人憂天」、「風聲鶴唳」、「捕風捉影」等等，都是對其最貼切的描述。

萬事皆疑是一種很不健康的心理，其無疑是把雙刃劍，既影響人的情緒、有損健康，又影響人際交往，還可能引起一系列錯誤的行為。所以，我們必須戰勝多疑之心。

患有疑心病的人，成天疑神疑鬼，雖然在正常人看來他的懷疑毫無根據，甚至荒謬可笑，但疑心者卻深信不疑。他疑心重重，搞得自己一天到晚心神不寧。

古時有一綽號為「哭婆」的老婆婆，她在下雨天哭，在晴天也哭，也就是無日不哭。

一個遊僧見到她後，問道：「施主，你為什麼老哭呢？」

她回答說：「因為我有二個寶貝女兒，大女兒嫁給賣鞋的，小女兒嫁給賣傘的。天晴時，我就想到，小女兒的雨傘今天一定不好賣，所以我哭。下雨天時，我就想到了大女兒，此時，不會有多少顧客登門去買她的鞋，所以我也哭。」

遊僧聽後，開導她說：「施主為什麼不換一下念頭呢？你想，在晴天時，大女兒的鞋店生意會很興隆。下雨天時，小女兒的傘一定很好賣，這不就好了嗎？」

這個老婆婆一聽此語，連連道：「好啊！對啊！」

從此，「哭婆」再也不哭了，無論在晴天或雨天，她總是笑嘻嘻的。

《菜根譚》有云：「念頭寬厚的，如春風煦育，萬物遭之而生；念頭忌刻的，如朔雪陰凝，萬物遭之而死。」意思是說，因為寬厚的念頭，反映出

了人的大度與大氣魄，從而似春風催發著萬物的繁育滋生；猜忌刻薄的念頭，則是人心胸狹窄的表現，似寒雪飛舞、陰霾密布，只會使萬物凋零敗落。可見，疑心病是多麼地有害。

英國哲學家培根說：「疑心的根源產生於對事物缺乏認識，所以多瞭解情況是排除疑心病的有效方法。」要採取用事實說話的方法，逐步消除自己的多疑之心。除此之外，還要加強自身修養，一個修養和道德水準很高的人，遇事不會斤斤計較、患得患失，他目標遠大，超脫自我，能夠排除一切私心雜念，多疑心態也就無處藏身了。

五十四、如何在虛榮面前克制自我

一個人自欺欺人地吹噓，也許剛開始會有所「收穫」，但最後只能是適得其反。他的虛榮心，不但再也得不到滿足，他原有的尊嚴也會被人家踩在腳下，這多麼可怕啊！

虛榮是自尊心的過分表現，是為了取得榮譽和引起普遍關注而表現出來的不正常心理。

在古希臘神話中，有一個關於赫耳墨斯的故事：

赫耳墨斯是天神宙斯的兒子，是主管商業的神。他在天上，看著熙熙攘攘的人間，很想知道在人們心目中自己的地位如何。於是，有一次，他來到凡世，來到老百姓中間。

他裝扮成一位普通的顧客，來到一個雕像店。這個雕像店裡滿是天神們的雕像，他指著最高天神宙斯的雕像問：「老闆，這座雕像值多少錢？」老闆說：「宙斯像值七個四德拉克馬。」他看看自己的雕像，想自己是商業之神，給老百姓帶來實際利益，雖沒有宙斯那樣地位顯赫，可是五個四德拉克馬總是值的吧？於是他指著自己的雕像，問老闆：「那個值多少錢？」老闆看了看那尊雕像，不屑地說：「你真的想要？」赫耳墨斯說：「當然啦，怎麼不想要！」老闆就指指宙斯像說：「你如果要買那個，這個就白送啦。」「白送？」赫耳墨斯被當頭潑了一盆冷水。

赫耳墨斯多麼想聽聽人間老百姓對他的讚美呀。正是為了這個，他才來到大街上，裝扮成顧客的，沒想到會落個這樣的結果，真是始料未及。回去之後，他就大病了一場。

有虛榮心的人，還有一種很不好的表現，就是太渴望得到別人的認可，以致寧願喪失自我，即使有的時候他知道別人的讚美有拍馬奉承之嫌，他仍會感到高興。但如果得不到別人的肯定和讚美，他往往會用這樣一個絕招——自我吹噓。

有一個人，是個建築工程師，可是他在公司裡混了二十多年，還是處於被人忽視的地位，他的設計幾乎從來沒有得到認可。他就這樣，每天一張報紙、一杯茶打發時光。

如果一直這樣，其實也是正常的。可是呢，偏偏他又是個虛榮心極強的人，於是，每天他就拿著一杯茶從一個辦公室竄到另一個辦公室，嘴裡說個不停。

他在說什麼呢？

他在自我吹噓。他不斷地、一遍又一遍地說自己的建築設計是如何如何地高明，自己年輕時候曾獲得什麼什麼獎，得到過什麼什麼人的接見。

其實，別人根本沒把他放在眼裡，可是他就是要不停地吹噓。因為，別人沒把他放在眼裡，他卻是把自己放在眼裡。

一個人自欺欺人地吹噓，也許剛開始會有所「收穫」，但最後只能適得其反。他的虛榮心，不但再也得不到滿足，他原有的尊嚴都會被人家踩在腳下，這多麼可怕啊！

可見虛榮心的確惑人至深、害人不淺，我們不得不加以警惕！

對虛榮心理的矯治，可採用如下方法：

・正確認識你自己

只有正確認識你自己，你才不會因別人的讚美、恭維而迷失了方向，而不知道自己到底是誰了。

・正確認識你周圍的人

只有正確認識你周圍的人，你才不會被那些別有用心的花言巧語所迷惑，你才能知道誰的讚美出於真心，誰的讚美出於假意。

・樹立正確的榮辱觀

即對榮譽、地位、得失、面子等要持有正確的態度。

・掌握好比較的尺度

比較是人們常有的心理，但要掌握好比較的方向、範圍和程度。

・學習良好的社會榜樣

從名人傳記、名人名言中，從現實生活中，以那些腳踏實地、不圖虛名、努力進取的人為榜樣，努力完善人格，做一個實事求是、不自以為是的人。

・對不良的虛榮行為進行自我心理糾正

如果個人已經出現自誇、說謊、嫉妒等病態行為，可以採用心理訓練的方法進行自我糾正。即當病態行為即將或已出現時，為自己施以一定的自我懲罰，例如用套在手腕上的橡皮筋反彈自己、讓自己罰站半個小時，以求警示與干預作用。養成習慣，虛榮行為會逐步減少。

五十五、如何從狹隘中走出自我

如果一個人氣量狹小，遇事斤斤計較，那麼他就會處處碰壁，煩惱無限。一個人若克服了狹隘就猶如心靈有了日出，就會從瑣碎的煩惱中掙脫出來，變得坦蕩、瀟灑和倜儻，就能成為一個樂觀健康的人。

狹隘即心胸小、見識淺、易嗔怪、眼光短。

拿到現實中來說，寬容是一種品行，是做人的一種風範。與之相反，人之所以無法做到寬容，正是因為狹隘的存在。

生活中，如果一個人氣量狹小，遇事斤斤計較，那麼他就會處處碰壁，煩惱無限。所以，必須走出狹隘的陰影。

從前，有一個年輕人脾氣非常不好，動不動就與人打架，因而人們都很討厭他。

一日，這個年輕人無意中遊蕩到了大德寺，正巧遇到一休禪師在講佛法，聽完之後年輕人異常懊悔，決定痛改前非，並且對一休禪師說：「師父！今後我再也不與別人打架爭吵了，即使人家把唾沫吐到我臉上，我也會忍耐地拭去，默默地承受！」

「就讓唾沫自乾吧，別去拂拭！」一休禪師輕聲說道。

年輕人聽完，繼續問道：「如果拳頭打過來，又該怎麼辦呢？」

「一樣呀！不要太在意！只不過一拳而已。」一休禪師微笑著答道。

那個年輕人實在是無法忍耐了，便舉起拳頭朝一休禪師的頭打去，繼而問道：「現在感覺怎麼樣呢？」

一休禪師一點也沒有生氣，反而十分關切地說道：「我的頭硬如石頭，可能你的手倒是打痛了！」

年輕人無言以對，似乎對禪師言下之意有所領悟。

這位年輕人正是因為狹隘而缺少人緣，甚至成了眾矢之的，幸運的是，他遇到了一休禪師，禪師以實際行動讓他明白了一個道理：只要你理解和包容了別人，那麼你也會得到別人的理解和包容。遠離狹隘首先要認識到這一點。

　　除此之外，走出狹隘的陰影，還要注意以下幾點：

　　·淡化自我意識

　　狹隘的人往往自我意識很重，因此若想使自己變得大度起來，首先要有意識地淡化心中的自我意識，對別人的言行少去計較。一個人總不能永遠只考慮到自己的存在，而不顧及別人的生存。人要自尊，也要尊重他人。

　　·學會冷靜地分析

　　遇到挫折時要冷靜地分析一下，是不是由於他人的惡意帶來的，有時對方並非出於惡意，只是由於方法不當或能力有限，才為你帶來了損害，這時就要原諒對方。要將心比心，推己及人，設身處地為他人著想，這樣也許就能理解對方的苦衷，從而正確地看待他人為自己帶來的傷害。有了這種處事態度，就可以嫌怨皆解，不再斤斤計較了。

　　·克制不良情緒

　　鍛鍊堅強的意志，能夠在一定程度上直接控制自己的情緒。若要克服不良情緒的影響，平時就要注意培養自制力，採取一些方法來克制自己的情緒。比如每當生氣時，就在心中暗誦二十六個字母以制怒；音樂能夠擴展一個人的心胸，優美的旋律可以使人情緒平和。

　　一個人克服了狹隘就猶如心靈有了日出，就會從瑣碎的煩惱中掙脫出來，變得坦蕩、瀟灑和倜儻，就能成為一個樂觀健康的人。

五十六、如何在虛假面前誠實自我

欺騙可能得逞一時，卻終有盡顯於人的那一天。而由欺騙獲得的財物，只是一種禍害，而不是一種福祉。

要想取得事業上的成功，就得把實現一個坦坦蕩蕩的人生做為自己的目標。比如做生意，需要以勤勞、利人和運用智慧去獲得正當的利益。

不幸的是，生活中竟有一些肆無忌憚、投機鑽營、極度自私、利慾薰心的人，明目張膽地做出了種種不誠實和欺詐的事情。有摻假的商人；有不守信用的無賴；更有一些可惡的人以次充好、粗製濫造。要知道，大多數靠欺騙為生的人，最後都會落得悲慘的下場，欺騙可能得逞一時，卻終有盡顯於人的那一天。而由欺騙獲得的財物，只是一種禍害，而不是一種福祉。

「誠實是最好的策略」，這句古老諺語已被眾多成功者的經驗所證實。誠實和正直對於商業和其他行業的任何人來說都是不可或缺的。

誠實和正直是所有商業交易的基石。有這樣一個故事：

一個年輕人與舅舅一起做生意，來維持生計。

一次，他們到另外一個城市做生意，到了一家只有母女倆的人家。

女兒對母親說：「後院有一澡盆可以用來換錢。」

母親聽後，便拿盆來給這商人看，商人用小刀刮看盆的材料，看清後，便假裝生氣把盆扔到地上說：「不好，把我的手都弄髒了。」然後便走了，令這母女倆很生氣。

商人的外甥隨後也來到了這家，女兒又想用盆換錢，母親還在為剛才的事生氣，便說：「不換也罷。」

女兒說：「看這個年輕人面相誠實，不像是狡詐貪財的人。」於是把盆拿出給這個年輕人看了。

年輕人看後，說：「這是紫磨金盆，我用我身上所有的錢來換它，可以嗎？」

母親答：「可以。」

年輕人又說：「我只留下二枚錢用來僱船。」

不久後，舅舅又返回來了，對那母女說：「現在我來買你們的盆，快取來吧。」

母親答：「剛才有個好青年，已用他所有的錢換走了盆，他還覺得價給得太低呢，如你能把他追回來，再加些錢我就把盆賣給你。」

舅舅連忙趕到河邊，呼天搶地地喊：「快還我寶貝來！」情急之下，竟吐血而亡。

外甥去給舅舅金盆，卻看到他已死了，不禁哭著說：「這樣貪財竟把命也丟了，實在不值啊！」

做生意要講公平交易，誠信待人。這個故事告誡我們：做人一定要誠實、正直，不可貪戀不義橫財，更不可耍陰謀詭計詐取別人的錢財，否則，只會自食其果。

誠實正直的人發財致富的速度可能不如那些不擇手段、弄虛作假的人來得快，但是，他們的成功卻是一種真正的成功，因為他們誠實勞動、問心無愧。即使一個人一時無法獲得成功，但他必須誠實，失去全部財富也要挽回人格和尊嚴，因為人格本身就是財富的源泉。

五十七、如何從埋怨中解脫自我

世界上什麼樣的奇蹟都可能發生，其前提只有一點：我還活著，我努力行動，我有信心，這才是人一生中最寶貴的財富。

最傷人的是惡語，最傷己的則是怨言。假如一個人習慣於埋怨，這個人便會生活在痛苦之中，因為埋怨是打擊自己最有效的方法，它對人的心理和身體均會造成巨大的損害。

生活中，埋怨的表現有許多種，比如一個人：

埋怨生在農村而不是城市。

埋怨生在貧苦人家而沒有生在富貴人家。

埋怨生不逢時而無用武之地。

埋怨滿腹經綸而無展示自己的機會等等。

總之，埋怨會使人情緒惡劣，而惡劣的情緒只會使人心浮氣躁、毫無鬥志。所以，我們必須遠離埋怨。

愛埋怨的人很難與人友好相處，即使他並沒有直接說對方不好，但他那萬事皆不如意的心態，讓人很難與他找到舒心滿意的共同話語。久而久之，人們會覺得此人太過刁鑽，常常避而遠之，偶有接觸也只會打個哈哈敷衍了事。總是埋怨、講負面話，最終會成為難以與人相處的孤家寡人。

愛埋怨的人，往往對自己的前程悲觀失望，他整日怨恨自己沒有什麼，卻從未想過自己擁有什麼；他整日怨恨自己的不如意，卻從未想過自己該如何改變。

一個年輕人整天悶悶不樂，怨恨自己的貧困。一天，他向智者請教自己為何無法擁有財富。

智者說：「小夥子，你現在就有很多財富啊！」

「在哪裡？」年輕人急切地問。

「在你身上。你的眼睛是財富，你用它看見世界，你用它看見世界上美好的東西，還可以讀書學習；你的雙手是財富，你可以用它勞動工作，還可以擁抱心愛的人；你的雙腿是財富，你可以健步如飛，去任何想去的地方；還有大腦、心靈⋯⋯。」

「這也是財富？這些人人都有啊！」

「這是財富。小夥子，你擁有的這些並不是人人都能夠幸運擁有的，比如說你願意把雙手給我嗎？我可以給你很多錢。」

年輕人沉默了，此時他才認識到自己原來也很富有。但以前他卻從未意識到這一點，還總是不停地抱怨上蒼的不公。他暗下決心，要珍惜上天賜予的一切，努力創造美好的生活。

從此，奇蹟出現了，年輕人變得越來越開朗、快樂，他擁有的財富也越來越多。

年輕人的例子，恰如一位哲人所說：「世界上什麼樣的奇蹟都可能發生，其前提只有一點：我還活著，我努力行動，我有信心，這才是人一生中最寶貴的財富。」

埋怨有百害而無一益。當你被埋怨困擾時，我們的建議是：對事態加以重新評估，不要只看到壞的一面；提醒自己不要忘記其他方面取得的成就；不妨自我犒賞一番；結交那些快樂和成功的人，讓他們感染自己；想一想還有處境比自己更差的人；把自己目前處境與過去比較，盡量找出勝過過去的地方⋯⋯總之，要看到生活光明的一面，不要讓自己被煩惱困擾。

五十八、如何在自滿之時謙虛自我

自滿使你沾沾自喜，是一種愚蠢的表現。過分自我感覺良好，只會讓你失去本該屬於你的一切。

自滿指的是滿足於自己已有的成績。自滿之心將使你自傲自大、自以為是，總認為自己是最好的、最正確的。

南隱是日本明治時代著名的禪師，有一天，一位大學教授特地來向南隱問禪，南隱以茶水招待，他將茶水倒入這個來訪者的杯中，杯滿之後他還繼續倒入，這位教授眼睜睜地看著茶水不停地溢出杯外，直到再也不能沉默下去了，終於說道：「已經滿出來了，不要倒了。」「你的心就像這個杯子一樣，裡面裝滿了你自己的看法和主張，你不先把你自己的杯子倒空，叫我如何對你說禪？」南隱意味深長地說。

南隱禪師教導的「把自己的杯子倒空」，不僅是佛學的禪義，更是人生的至理名言。一個人如果自滿，覺得自己什麼都會，就必然導致什麼都裝不下，什麼都學不進去，就像茶水溢出來一樣，再也不可能學習到更新更多的知識了。

可口可樂公司前任董事長保爾·奧斯汀曾這樣說過：「最糟糕的事就是一個高級主管對公司在市場上的成就沾沾自喜，尤其是公司處於最佳時期。」

這種危險有時表現得並不明顯，吃老本的人有時並沒有意識到自己正在退步。有許多聰明人在這方面栽過跟頭，他們認為自己的成績是顯而易見的，升遷和獎賞都應降臨到自己頭上，這種自滿情緒是很危險的。下面這個故事就說明了這一點。

在美國的一個大公司中，有二個人在爭奪第一把交椅。一個是當時的第二號人物，一個是第四號人物。第二號人物當時業績輝煌，他確信憑自己的成績擔任總裁毫無問題，沒有必要去進行任何競選活動。而此時那位本來處於劣勢的第四號人物，除了積極工作外，還聘用了一位公共關係專家，到處活動、演講，拜訪公司下屬的地區分部經理，和每個董事詳談，與董事長攀

交情。談話中的重點並不放在以往的業績上，而是在說如何開拓公司更美好的前景。後來，他出任了總裁，那位目瞪口呆的第二號人物最後憤而辭職。

這就是驕傲自滿的結果。

我們千萬不能有自滿之心。自滿使你沾沾自喜，是一種愚蠢的表現。過分自我感覺良好，只會讓你失去本該屬於你的一切。

然而，我們在生活中經常會遇到這樣一種人，他們總喜歡指出別人的缺點，說人家這做得不合適，那也做得不夠，似乎他什麼都行，對什麼都可以說出一個大道理來。其實，這只是一種自滿的表現，他們之所以擺出一副「萬事通」的面孔來，就是怕被別人藐視，用這種方式來顯耀自己，以此來達到提高自己的地位，可是這樣做的結果只會讓人厭惡。

道理很簡單，你不相信別人有辦好事情的能力，別人也不會把你的能力放在眼裡。

記住：只有讓自滿之心隨風而去，你才能忘記昨日的一切，信心百倍地迎接每一天。

五十九、如何在苛察之時警惕自我

人非聖賢，孰能無過？與人相處，不要總是去責備、去苛求別人。一味地苛求，只會把事情弄糟，只有嚴己寬人，才是正確的為人處世之道。

生活中最常有的經歷是：由於種種原因，看某人怎麼樣都不順眼，於是與其相處心中便存有芥蒂，之間關係自然緊張起來。對此，智者告訴我們：其實，往往別人並未犯多大的過錯，只是由於自己苛察而已。

古人云：「水至清則無魚，人至察則無徒。」水如果太清就不會有魚，人如果太認真就不會有朋友。對於苛察之心我們不能不警惕。

美國著名的成功學家戴爾‧卡內基是處理人際關係的「高手」，然而早年時，他也曾犯過小錯誤。

有一天晚上，卡內基參加一場宴會。宴席中，坐在他右邊的一位先生講了一段幽默故事，並引用了一句話，意思是「謀事在人，成事在天」。那位健談的先生提到，他所引用的那句話出自聖經。然而，卡內基發現他說錯了，他很肯定地知道出處，一點疑問也沒有。

為了表現優越感，卡內基很認真又很強硬地糾正了過來。那位先生立刻反唇相譏：「什麼出自莎士比亞？不可能！絕對不可能！」那位先生一時下不了台，不禁有些惱怒。

當時卡內基的老朋友法蘭克‧葛孟坐在他左邊。葛孟研究莎士比亞的著作已有多年，於是卡內基就向他求證。葛孟在桌下踢了卡內基一腳，然後說：「戴爾，你錯了，這位先生是對的。這句話出自聖經。」

那晚回家的路上，卡內基對葛孟說：「法蘭克，你明明知道那句話出自莎士比亞。」「是的，當然。」葛孟回答，「在哈姆雷特第五幕第二場。可是親愛的戴爾，我們是宴會上的客人，為什麼要證明他錯了？那樣會使他喜歡你嗎？他並沒有徵求你的意見，為什麼不保留他的臉面，說出實話而得罪他呢？」

一些無關緊要的小錯誤，放過去無傷大局，那就沒有必要去糾正它。這不僅是為了讓自己避免不必要的煩惱和人事糾紛，而且也顧及到了別人的面子，更展現了你做人的雅量。

生活中一個人尋找別人的缺陷，指責別人，遠不如發現自己的缺陷，指責自己，更不如發現別人的優勢，稱讚別人。指責別人，遠不如去瞭解別人，理解別人，原諒和寬容別人。世上有幾個人十全十美？誰沒有缺陷，為什麼總是揪住別人的缺陷而看不見他還有更多的優點呢？

人非聖賢，孰能無過？與人相處不要總是去責備、去苛求別人。總之，一味地苛求，只會把事情弄糟，只有嚴己寬人，才是正確的為人處世之道。

六十、如何在自卑之時戰勝自我

自卑是自己對自己沒有信心，對自己才華的否定。要想有所作為，必須掃除自卑的心理障礙。克服了自卑心理，不僅是自己給自己一帖「強心劑」，而且征服了自卑，就好比征服了一座大山，一切美好的事物都在山的那一邊。

自卑是許多人身上明顯存在的生存危機。自卑是一種消極自我評價或自我意識，即認為自己在某些方面不如他人而產生的消極情感，是一種危機心態。一個人若被自卑感所控制，其精神生活將會受到嚴重的束縛，聰明才智和創造力也會因此受到影響而無法正常發揮作用。

那怎樣才能克服自卑的心理呢？

（一）當知道自己在某方面有缺陷、不如人的時候，熱愛生活、想成為生活強者的人，會懂得「以勤補拙」、「笨鳥先飛」的道理。而要做到這一點，自信心很重要。因為只有自己相信自己，樂觀向上，對前途充滿信心，並積極進取，才是消除自卑、促進成功的最有效補償方法。

（二）一個人成功經驗越多，他的期望也就越高，自信心也越強。可見，透過一次又一次微小的成功，可以使自信心得到增強和昇華。對於自卑的人來說，重要的是建立起符合自身實際情況的「抱負水準」，增加成功的經驗。這可以由小做起，確保首次努力的成功，形成良性循環。如果已遇到困境，感到自卑時，則可改做一件比較容易成功，或者自己願意並有興趣的活動或工作，以便增強信心，免除自卑。

（三）俗話說：「尺有所短，寸有所長」、「金無足赤，人無完人」。每個人都有長處與短處，因此不能只看自己的短處不看長處。積極的態度是揚長避短，以「長」補「短」。這一方面不行，也許另一方面比別人強。

（四）多讀些有關名人成功的書籍，尤其是那些曾被自卑感困擾的名人事蹟，從中獲得克服困難的經驗，進而鼓勵自己加強自信，發揮所長，集中精力，矢志不移地達到目標。這樣，自卑心理也會不驅而散。

（五）日本精神療法研究所所長小林英夫認為，此法能充分運用潛能，抑制自卑感。方法是：配合腹式呼吸，集中想想自己的長處。例如想想那些令人高興的讚美，就擁有越多的自信。不要羞於承認自己的長處，以零為基礎，不斷去增添它。

自卑的人總覺得自己事事不如人，因為他們很少有成功的感覺，更不知自信是什麼，只知所有人和事時時給他出難題。

自卑是自己對自己沒有信心，對自己才華的否定。要想有所作為，必須掃除自卑的心理障礙。克服了自卑心理，不僅是自己給自己一帖「強心劑」，而且征服了自卑，就好比征服了一座大山，一切美好的事物都在山的那一邊。

六十一、如何在憂鬱之時開闊自我

凡事往好的一面去想，這種習慣比收入千金還寶貴。

憂鬱是嚴重制約人成功的個性之一，這種個性的特點是對任何事物都無興奮點，只是用壓制、消極的態度去面對；具有這種個性的人，心理內向，甚至冷漠，往往鑽牛角尖。成大事者善於消除憂鬱，用一種積極樂觀的態度去面對生活、選擇生活、創造生活。同時開放自我，最大程度地吸收新的東西，在自己鍾愛的事業上全神貫注，爭取做到盡善盡美。

下面幾種方法，希望能對憂鬱的你有所幫助。

· 合理安排日常生活

憂鬱的人對日常必須的活動會感到力不從心。因此，我們應對這些活動進行合理安排，以使它們能一件一件地完成。以臥床為例，如果躺在床上能使我們感覺好些，躺著無疑是一件好事，但對憂鬱的人來說，事情往往並非這麼簡單。他們躺在床上，並不是為了休息或恢復體力，而是一種逃避的方式，因為沒有應當做的事。我們會為這種逃避而感到內疚、自責，並且，躺著使我們有更多時間思考自己的困境。床雖然看起來是安全的地方，然而，長此以往會變得更加糟糕。因此，最重要的是努力從床上爬起來，依照計畫每天做一件積極的事情。

· 換一種思維方式

對抗憂鬱的方式之一就是有步驟地制定計畫。儘管有些麻煩，但請記住，你正訓練自己換一種思維方式。

現在，儘管令人厭倦的事情沒有減少，但我們可以計畫做一些積極的活動，即那些能為你帶來快樂的活動。例如，如果你願意，你可以坐在花園裡看書、外出訪友或散步。有時憂鬱的人不善於在生活中安排這些活動，他們把全部的時間都用在痛苦的掙扎中，一想到衣服還沒洗就出門，便會感到內疚。其實，我們需要積極的活動，否則就會像不斷支取銀行的存款卻不儲蓄

一樣。積極的活動相當於你有銀行裡的存款，哪怕你所從事的活動只能為你帶來一絲絲的快樂，你都要告訴自己：我的存款又增加了。

憂鬱者的生活是機械而枯燥的，有時這似乎不可避免。解決問題的關鍵仍然是對厭倦進行診斷，然後逐步戰勝它。

・懂得珍惜

很少有憂鬱的人能夠意識到自己其實並非一無所有，他們整天意志消沉、暴躁易怒，其實你大可不必如此，也許你為失去了什麼而傷心、生氣，但你仍擁有令人羨慕的一切：你健康的身體、你的家庭、你所有的朋友等等這一切，都是你的財富，你千萬不能再憂鬱下去，否則，你很有可能失去這一些最美好的東西。

塞繆爾·詹森曾說過：「凡事往好的一面去想，這種習慣比收入千金還寶貴。」你需要做的是珍惜眼前擁有的一切，改變態度，繼續努力。

・克服憂鬱中的自責

憂鬱的時候，我們感到自己對消極事件負有極大的責任，因此，我們開始自責。

憂鬱者的自責是徹頭徹尾的。當不幸事件發生或衝突產生時，他們會認為這全是他們自己的錯。這種現象被稱為「過分自我責備」，是指當我們沒有過錯，或僅有一點過錯時，我們出現承擔全部責任的情形。這時若能跳出圈外，找出造成某一事件的所有可能原因，會對我們有較大的幫助。我們應當學會考慮其他可能的解釋，而不是僅僅責怪自己。

六十二、如何在貪婪面前管住自我

　　人就像投入社會洪流中的一葉扁舟，有的人乘風破浪，成了時代的成功者，有的人可能暫時落入失敗的境地，但無論一個人的人生是絢麗多彩、可歌可泣，還是平庸乏味、可悲可嘆，都告訴我們，應該學會隨遇而安。

　　洪應明在《菜根譚》中說：「古人以不貪為寶，所以安度一世。」不貪主要指不貪圖名位財利，這是評價個人修養的重要標準之一。

　　貪婪是產生罪惡的一大根源。人一旦貪心過重，就會心術不正，就會被貪慾所困，離開事物本來之理去行事，就會將事情做壞、做絕，大禍也就隨之而來。所以，我們必須要在貪婪面前管住自我。

　　（一）少一點貪婪

　　人都有欲望，貧窮的人想變得富有，低賤的人想變得富貴，默默無聞的人想變得舉世聞名，沒有受過讚譽的人想得到榮譽，這是無可非議的，但問題在於欲望與能力之間是必須成正比的。修身養性的一個重要內容，就是尋求欲望與能力之間的和諧。在欲望與能力之間發生嚴重不協調時，或者抑制欲望的膨脹，或者增加自己的能力。世界上，美好的東西實在數不清，我們總是希望得到盡可能多的東西，其實欲望太多，反而會成了累贅，還有什麼比擁有淡泊的心胸，更能讓自己充實滿足呢？選擇淡泊，拋棄貪婪吧。

　　著名作家林清玄曾在文章中講過這樣一個故事：

　　自己一位朋友的親戚的姑婆從來沒穿過合腳的鞋子，她常穿著巨大的鞋子走來走去。晚輩如果問她，她就會說：「大小鞋都是一樣的價錢，為什麼不買大的呢？」

　　許多人不斷地追求巨大，其實只是被內在的貪慾推動著，就好像買了特大號的鞋子，忘了不合自己的腳一樣。不管買什麼鞋子，合腳最重要，不管追求什麼，總要適可而止。

現在許多人似乎覺得只有錢財才能帶給自己安全感，所以瘋狂地聚斂錢財，這種人把錢財看得比性命還寶貴，為了錢什麼事情都敢做，投機取巧，貪贓枉法，徇私舞弊，怠忽職守，那麼等待他的也將是法律的嚴懲。

（二）樹立正確的價值觀

一個人首先要培養正確的價值觀，一個有正確價值觀的人，必然是一個有著自我制約能力的人，同時他也知道自己最需要的是什麼，不需要的是什麼。其次，要培養正確的判斷力。一個有正確判斷力的人，懂得什麼是美，什麼是醜；什麼是善，什麼是惡。相對地，他也就懂得努力去追求美與善，而盡可能拋棄醜與惡，這樣就自然而然地避免了貪婪。

唐懿宗時，由於他的荒淫奢靡，世風日下，官吏貪贓枉法極為猖獗。當時有個叫楊牧的就是個貪婪成性的奸詐之人，他用聯宗的手段巴結上了當時宦官左軍中衛楊玄階，當上了宰相。在他當權期間，曾經「收錢百萬」，就連他的門吏僮僕也狗仗人勢，巧取豪奪。他的女兒嫁給尚書右丞裴坦的兒子時，帶了很多嫁妝，器皿用具都用犀牛角和玉石裝飾著。裴坦是個廉潔奉公、嚴於律己，不與不正之風同流合汙的人，他有著遠見卓識，高風亮節，一看到兒媳婦陪嫁的財物如此豐盛，用具如此奢侈，不但不高興，反而怒氣沖沖地說：「這些東西將來必定會毀滅我的家。」於是下令把它們全都銷毀了。不久，楊牧這個鼠目寸光、放縱貪婪的小人終因受賄事發，被貶為端州司馬，後來又被流放到荒遠的驩州，途中被賜死。

裴坦頭腦清醒，不追逐奢靡之風，不貪圖非分之財，這種品格是值得讚賞的。而楊牧以權謀私，貪贓枉法，最後落得可悲的下場，是值得我們引以為戒的。

（三）知足者常樂

安於現狀，知足常樂，並不是指對美好的生活失去信心和追求。

戰國中期著名的思想家、文學家、道家的代表人物莊子輕視高官厚祿，追求逍遙自在。楚威王聽說莊子有才幹，派了使臣，帶了千金重禮，聘他為相。他對楚國使臣說：「千金是很重的財禮，卿相是尊貴的職位，你難道沒

有看到祭祀用的牛嗎？人們養它幾年，然後為牠披上繡花的衣服，送進太廟，殺了祭祀。到這時候，牠即使想做一頭自由自在的小牛，難道還有可能嗎？你快走吧，不要玷汙我，我寧可在汙穢的小河中自得其樂，也不願受國君的管束。我要終身不做官，以實現我的志向。」

　　人就像投入社會洪流中的一葉扁舟，有的人一帆風順，心想事成，躍上成功的波峰，成了聲名顯赫的人物，有的人乘風破浪，成了時代的成功者，有的人可能暫時落入失敗的境地。但無論一個人的人生是絢麗多彩、可歌可泣，還是平庸乏味、可悲可嘆，都告訴我們，應該學會隨遇而安，退一步海闊天空，即使到了萬般無奈、窮途末路之際，也能化險為夷。

六十三、如何在時間面前把握自我

時間是一種既不能停止，也不能逆轉，不能儲存，也不能再生的特殊性資源，是一種一次性的消耗品。生命由時間組成，時間就是生命。

時間是平凡而常見的，它從早到晚都在一分一秒地運行，無聲無息。而時間又是寶貴的，是每個人生命中最寶貴的東西。

我們一定要記住時間的重要性，在學習、工作和生活中，重視我們的時間，就如同重視我們的生命一樣，只有知道了時間就是生命的人，才能在事業上取得成功。

巴爾扎克原本是個學法律的律師，但是，有一天卻向他的家庭突然宣布他想當一個作家。他的父母堅決反對，還聯合了他們所有的親戚朋友來反對他。尤其是他那位俗氣的母親，堅決認為巴爾扎克的寫作為家庭帶來了恥辱。在長時間的激烈爭論後，他們這個家庭達成了白領階級獨特的折衷——巴爾扎克可以走他的路，但這條路怎麼走法完全是他自己的事。父母在未來二年內向他未經證實的能力付一點補貼，倘若二年期滿他未能如願，那就請他毫不遲疑地回到律師事務所中去。

經過周密的計算，依照最低生活標準，巴爾扎克的父母同意每月提供一百二十法郎，即一天四法郎，作為他們兒子在未來跋涉中的生活費。

巴爾扎克非常珍惜自己的每一天，幾十本書從圖書館中被借了出來，放在案頭研讀。巴爾扎克與生俱來頭一次給自己規定了一件固定的工作，沒有任何事物可以阻止它。他經常三、四天不離開屋子，沒日沒夜地在案頭筆耕。如果出門的話，那也只是給他疲勞過度的精神補充一點刺激——買些咖啡，添一點麵包、水果。他一連好幾天在床上寫作，只是為了可以節省時間。整個創作季節裡，公園、遊樂場、餐廳和咖啡館都離他遠遠的。

二年後，巴爾扎克終於憑藉自己的本事拿到了第一筆稿費，並從此一發而不可收拾，成為法國歷史上最偉大的批判現實主義作家。

在時間面前，每個人都是平等的。人人都擁有時間，但時間對每個人的作用又是不同的，我們應懂得時間的重要性，知道時間就與生命一樣寶貴。

生命由時間組成，時間就是生命。時間是一種既不能停止，也不能逆轉，不能儲存，也不能再生的特殊性資源，是一種一次性的消耗品。當我們年老時，面臨死亡的威脅時，我們才對失去的生命感到惋惜，對時間的浪費感到可恨，然而這又有什麼意義呢？

因此，我們一定要珍惜時間，在每一個極短的時間單位裡，讓時間發揮出無窮的威力，就像珍惜生命一樣珍惜時間，把我們的一生鑄造得更輝煌、更有意義。

六十四、如何在犯錯之時改正自我

承認自己的錯誤，是對自己所做過事情的一個總結，勇於面對自己錯誤的判斷、錯誤的決策以及錯誤的行動，只有這樣才能真正從錯誤中汲取教訓，才能得到成長。

勇於承認自己的錯誤，勇於面對自己錯誤行為所導致的後果，這是一種非常重要的品格。一個勇於承認自己錯誤的人，是會受到大家歡迎的。

下面是卡內基承認錯誤的一個小故事：

一次，卡內基在電台發表演說，談論一本名著的作者。由於不小心，他二次把這位作者的故居康科特鎮說成麻薩諸塞州，而正確的是在相鄰的新罕布夏州。

由於康科特是歷史名鎮，卡內基的錯誤遭到了不少人來信來電的指責批評。一位從小在康科特長大的女士，從居住地費城寫來一封憤怒加辱罵性的信。卡內基幾乎被激怒，他覺得，他雖然在地理上犯了一個錯誤，但那個女士在普通禮節上犯了更大的錯誤。

但是卡內基克制了自己準備回擊的衝動，他知道相互指責和爭論是毫無意義的。自己錯了，主動迅速地承認，這才是最好的策略。於是，他不但於第二週的星期天在廣播裡向聽眾認錯道歉，還特意打電話給那位侮辱他的女士，向她承認錯誤，並表示抱歉。

結果那位女士反而為自己寫那封發洩憤怒的信感到慚愧。她說：「卡內基先生，您一定是個大好人，我很樂意和您交個朋友。」

卡內基承認了自己的錯誤，化干戈為玉帛，將一個憤怒的敵人了變成一個友善的朋友。可見，承認錯誤的確是明智之舉。

勇於承認自己的錯誤，表明了這個人敢於對自己的行為承擔責任。

在我們的日常生活中，我們常常可以碰到形形色色喜歡推卸責任的人。這些人不願意承認自己是錯的，總是喜歡為自己的錯誤尋找各式各樣冠冕堂

皇的理由。一個不能面對錯誤的人是可悲的，面對錯誤需要很大的勇氣。但是一個人想要獲取成功，就需要有承認自己錯誤的勇氣。承認自己的錯誤，是對自己所做過事情的一個總結，敢於面對自己錯誤的判斷、錯誤的決策以及錯誤的行動，只有這樣才能真正從錯誤中汲取教訓，才能得到成長。如果自己的錯誤因為自己略施小技或是巧舌如簧而僥倖過關，推卸掉了責任，那麼就會助長一個人投機取巧的心態。更為嚴重的是，他根本不可能從錯誤中汲取教訓，不能意識到自身問題的所在，這樣難免會再犯錯誤。再犯錯誤的時候，很難說還會有機會能使自己輕鬆脫身，只怕是錯誤越犯越大，最終的結果連自己都無力挽回。

更嚴重的情況是，有的人不但會推卸自己的責任，而且還試圖把責任嫁禍到別人的身上，讓無辜的人來承擔自己的錯誤所導致的惡劣後果。如果說不敢於承認自己的錯誤是一種怯懦，是一種對自己不負責任的表現，那麼嫁禍於人就是嚴重的道德問題，就是對自己、對別人都沒有絲毫的道德可言，這應該是我們所摒棄的。

總之，在犯錯之時勇於改正自我，是我們每一個人都應該努力做到的。

六十五、如何在嫉妒之時反省自我

嫉妒是一種非常有害的心理，它可以使嫉妒者自己形成一種非常低下、醜陋的心理，使嫉妒者走向一條狹窄的人生道路，也使受嫉妒者受到極大的傷害。

古人云：「木秀於林，風必摧之。」因此要是誰在哪一方面出人頭地，往往會受到別人的攻擊、嘲諷、指責，更有甚者，由於嫉妒心重還可能背後陷害你，讓你生活在一種無形的壓力之下，時時處處都有障礙，讓你人做不好，事做不成。

可以說，嫉妒是一種非常有害的心理，它可以使嫉妒者自己形成一種非常低下的、醜陋的心理，使嫉妒者走向一條狹窄的人生道路，也使受嫉妒者受到極大的傷害。

對任何人來說，忍住自己的嫉妒心，並不是一件輕而易舉的事情。看到別人在一些方面強於自己，自己心中不平衡、不舒服，尤其是此時再遇到一些不順利的事情，那就不僅僅是嫉妒了，甚至有些人為此而付出了昂貴的代價。以不正當的手段去打擊別人，自己也同樣受害不淺。所以，嫉妒心要忍，忍嫉妒不是不承認別人的優點、功績，而是要正確地認識他人的成績，不自卑、不自滿，正確地評價他人、評價自我，從而克制和避免嫉妒心的形成。

家庭中如果嫉妒過分，夫妻間缺乏必要的信任，就會導致家庭關係緊張，甚至破裂。下面就是一個非常有趣的故事：

古時候，京都長安有一位學士，娶有一妻，妻子生性嫉妒，極為潑悍。她對丈夫妄加猜疑，心裡不想別的事，只時時擔心丈夫接近別的女人。為了防患於未然，便用一條長繩繫在丈夫腿上，有事也不必招呼，只須一拉繩子，人就被牽到面前。如果丈夫有事出門，務必限定嚴格的時間。

學士在家中的處境，就如同奴隸、囚奴一般。舉止不便還在其次，主要是臉面無光，羞於見人。學士不堪忍受，決定設計脫身。於是收買了一個女尼，說明了自己的用意，囑咐她到時候依計行事。然後，他又向人借來一頭

羊，趁妻子午休之際，偷偷解下腿上的繩子繫在羊腿上，自己悄悄溜出家門，藏了起來。

妻子醒後，見丈夫不在身旁，趕緊牽動繩子，沒想到牽過來的竟是一頭羊。妻子本來就篤信鬼神，以為自己的丈夫變成了牲畜，大驚失色。恰好一女尼前來化緣，妻子急忙上前詢問凶吉。女尼說：「你家祖先顯靈了，他們怪你做事太缺德，所以將公子變成羊來懲罰你。如果你能悔過，誠心齋戒七天，我可以替你禱告。」妻子想到丈夫往日的好處，不禁抱羊痛哭，指天發誓，保證不再虐待丈夫。

七天之後，妻子沐浴焚香，率領一家大小到女尼面前，向神請罪。女尼讓人把羊放開，送到門外，等待祖先開恩。學士見羊出來了，便將牠遠遠地趕走，自己則緩緩走進家門。妻子見丈夫平安無恙，哭著問道：「做了這麼多天的羊，苦不苦啊？」學士說：「幾天來迷迷糊糊地，也不知發生了什麼事，只記得草不好吃，肚子時時作痛。」妻子聽丈夫這麼一說，心裡更是悲傷。

經歷了這場驚嚇，妻子的個性完全收斂，就像換了個人似的。時間一長，難免稍稍有點故態復萌，學士看出苗頭，便立刻趴在地上，咩咩地學羊叫。妻子頓時驚醒，慌忙跪在地上，求神恕罪。

學士治妒有方，只不過是解決了家庭中的一大煩惱，實際上唯一能治嫉妒的依然是忍。自己要能忍受別人對自己的嫉妒，也要克制自己產生嫉妒他人的心理。

六十六、如何在糊塗中隱藏自我

「大勇若怯，大智若愚」。本來很有膽量，卻裝得很膽怯；本來足智多謀，卻裝得很愚笨，實際上是為了掩蓋內心的抱負，實現一定的理想。

人生在世，最重要的是安身立命，而平平安安地度過一生，卻並不那麼容易。我們在日常生活中，也許經歷過這樣的情景：多年同事突然反目成仇；昔日朋友突然不歡而散；剛犯錯誤就有人落井下石；升職加薪有人暗中使壞；妻子說你不顧家庭，主管說你不識抬舉。在那一刻，你一定會從心裡發出嘆息：做人難，處世難，難於上青天。面對這些重重難題，我們究竟應該採取怎樣的方法和技巧來應對呢？

三百多年前有一位睿智的老人鄭板橋已經給我們提供了完美的答案，那就是——難得糊塗。

說到難得糊塗，有的人窮其一生都沒有明白做人有時要得糊塗時且糊塗的道理。有的人一生謹慎，卻因為一點小事而前功盡棄；有的人聰明一世，卻因為糊塗一時而毀掉一生；有的人貌似愚鈍，其實聰明絕頂；有的人絕頂聰明，卻聰明反被聰明誤，而葬送了卿卿性命。無怪乎有人嘆息，人生無常、禍福難料，但如果他能真正瞭解難得糊塗的真意，相信他的一切難題都將迎刃而解。

中國人素來是很精明的，越是精明的人越知道聰明人處世難，容易招致妒嫉、非議，甚至為聰明而喪生。曹操因為妒嫉楊修的才能而殺了他；隋煬帝因為妒嫉王冑的詩才，也把他殺了，還吟著王冑的詩句「庭草無人隨意綠」，洋洋自得地說：「你還能寫出這樣的好詩嗎？」所以，從老子開始，中國人就深悟了「大智若愚」的道理，越是聰明，表現得越是愚笨，以便在別人的輕視和疏忽中找到自我發展的空間。

據說，在舜未登上天子位的時候，他的異母弟弟象，為圖占家業，幾次要謀害他。昏聵的父親和後母也總是偏心、縱容象。有一次，父親和後母找舜，說穀倉頂壞了，要他爬上去修理。當舜一上到倉頂，父、母、弟弟就抽

了梯子，放起一把火想要燒死他。幸虧他撐起大斗笠，乘著一陣大風往下一跳，才得以脫險。

另一次，父親和後母要舜去挖井。那井很深，剛把舜吊到井底，上面的人就收了繩子，推下幾大堆泥土，以為這一回舜死定了。象很高興。沒想到，當他來到舜的臥室時，卻看見舜正坐在床上彈琴。這是怎麼回事？原來那井底還另有一個出口，舜是從那裡逃生的。這一次，象驚呆了，他悔恨、羞慚不已，上前向哥哥道歉。舜呢，顯得若無其事的樣子，他微微一笑，說：「我並不計較。」

從表面上看，似乎舜很傻，糊裡糊塗，而實際上這是一種精明人的糊塗啊！

正像古人所說的那樣，「大勇若怯，大智若愚」。本來很有膽量，卻裝得很膽怯；本來足智多謀，卻裝得很愚笨，實際上是為了掩蓋內心的抱負，實現一定的理想。智而示以愚，能而示之不能，用而示之不用，欺騙對手，爭取主動。「大智若愚」是一種後發制人、出其不意的談判技巧，在外交、談判、經濟等領域有廣泛應用。

有一次日本的一家公司到美國去與一家公司進行貿易談判。談判一開始，美方代表滔滔不絕地說個沒完，想迅速達成協議。而日方代表卻一言不發，只是揮筆疾書，把美方代表的發言全部記錄下來，第一次談判就這樣結束了，日方代表也回國了。

六個星期之後，日本公司又派了另一個部門的幾個人作為代表團來到了美國，進行第二輪談判。這批新到的日本人，彷彿根本不知道以前協商討論些什麼問題，談判只好從頭開始。美國代表照樣是口若懸河，滔滔不絕，日方代表又是一言不發，記下大量筆記又回去了。

又過六個星期之後，日本方面的第三個代表團又來到談判桌旁，他們的全部活動只不過是第二個代表團的故伎重演，記下了大量筆記又走了。

之後，第四個、第五個日本談判代表團都是如法炮製。

半年過去了，一年過去了，日本方面毫無反應，他們把美國公司弄得「丈二金剛摸不著頭腦」，只能抱怨日方代表沒有誠意。

正當美國這家公司感到絕望時，日方公司的談判代表突然來到了美國。這一次，日本談判人員一反常態，在美方代表毫無準備的情況下，突然拍板表態，作出交易決策的方案，弄得美方措手不及，十分被動，損失不小。

日本人一開始裝得若無其事，既不表態，也不作任何形式的舉動，讓美方猜測不到他們的行動。這種尋找恰當的時機，趁人不備，出奇制勝的方法十分厲害，往往使談判對手猝不及防。

但是，大智若愚，關鍵是心中要有對付對方的策略，常用「糊塗」來迷惑對方耳目，寧可有為而示無為，聰明裝糊塗。當然萬不可無為示有為，本來糊塗反裝聰明，這樣就會弄巧成拙，於己不利。

六十七、如何在得失之時看淡自我

過於注重個人的得失，使一個人變得心胸狹隘，斤斤計較，目光短淺。而一旦將個人利益的得失置於腦後，便能夠輕鬆對待身邊所發生的事，遇事從大局著眼，從長遠利益考慮問題。

《老子》中說：「名與身孰親？身與貨孰多？得與亡孰病？是故甚愛必大費，多藏必厚亡。知足不辱，知止不殆，可以長久。」是講人的一生之中，名譽和生命到底哪一個更重要呢？自身與財物相比，何者是第一位呢？得到名利與地位與喪失生命相衡量起來，哪一個是真正的得到，哪一個又是真正的喪失呢？所以說過分追求名利地位就會付出很大的代價，你有龐大的儲藏，一旦有變則必然是巨大的損失。對於追求名利地位這些東西，要適可而止，否則就會受到屈辱，喪失你一生中最為寶貴的東西。

面對得失我們要看淡自我。如果一個人總覺得自己在遭受損失，漸漸地就會心理不平衡，於是就會去計較自己的得失，結果朋友之間、同事之間是非不斷，自己也惹人討厭，而所想得到的也照樣沒有得到，這是失的多還是得的多呢？

春秋時期的宓子賤，名不齊，是孔子的弟子，魯國人。有一次齊國進攻魯國，戰火迅速向魯國單父地區推進，而此時宓子賤正在做單父宰。當時也正值麥收季節，大片的麥子已經成熟，不久就能夠收割入庫了，可是戰爭一來，這眼看到手的糧食就會讓齊國搶走。當地一些父老向宓子賤提出建議，說：「麥子馬上就熟了，應該趕在齊國軍隊到來之前，讓咱們這裡的老百姓去搶收，不管是誰種的，誰搶收了就歸誰所有，肥水不流外人田。」另一個也認為：「是啊，這樣把糧食打下來，可以增加我們魯國的糧食，而齊國的軍隊也搶不走麥子作軍糧，他們沒有糧食，自然也堅持不了多久。」儘管鄉中父老再三請求，宓子賤堅決不同意這種做法。過了一些日子，齊軍一來，把單父地區的小麥一搶而空。

為了這件事，許多父老埋怨宓子賤，魯國的大貴族季孫氏也非常憤怒，派使臣向宓子賤興師問罪。宓子賤說：「今天沒有麥子，明年我們可以再種。

如果官府這次發佈告令，讓人們去搶收麥子，那些不種麥子的人則可能不勞而獲，得到不少好處，單父的百姓也許能搶回來一些麥子，但是那些趁火打劫的人以後便會年年期盼敵國的入侵，民風也會變得越來越壞，不是嗎？其實單父一年的小麥產量，對於魯國的強弱影響微乎其微，魯國不會因為得到單父的麥子就強大起來，也不會因為失去單父這一年的小麥而衰弱下去。但是如果讓單父的老百姓，以致於魯國的老百姓都存有這種借敵國入侵能獲取意外財物的心理，這是危害我們魯國的大敵，這種僥倖獲利的心理難以整治，那才是我們幾代人的大損失呀！」

宓子賤自有他的得失觀，他之所以拒絕父老的勸諫，讓入侵魯國的齊軍搶走了麥子，是認為失掉的是有形的、有限的那一點點糧食，而讓民眾存有僥倖得財的心理才是無形的、無限的、長久的損失。得與失應該如何取捨，宓子賤做出了正確的選擇。要忍一時的失，才可能有長久的得，要能忍小失，才能有大收穫。

對於得失問題，古人還認識到：自然界中萬物的變化，有盛便有衰；人世間的事情也同樣如此，總是有得便有失。

但現實生活中，許多人沒有得到之時，卻害怕得不到；得到的時候，則又唯恐失去，這就是我們常說的患得患失。

患得患失的人是把個人的得失看得過重。其實人生百年，貪慾再多，官位權勢再大、錢財再多，也一樣是生不帶來死不帶去，處心積慮巧取豪奪，難道就是人生的目的？這樣的人生難道就完美，就幸福嗎？過於注重個人的得失，使一個人變得心胸狹隘，斤斤計較，目光短淺。而一旦將個人利益的得失置於腦後，便能夠輕鬆對待身邊所發生的事，遇事從大局著眼，從長遠利益考慮問題。

南朝梁人張率，字士簡，十二歲時就能做文章，天監年間，擔任司徒的職務。他喜歡喝酒，在新安的時候，曾派家中的僕人運三千石米回家，等運到家裡，米已經耗去了大半。張率問其原因，僕人們回答說：「米被老鼠和鳥雀損耗掉了。」張率笑著說：「好大的鼠雀！」後來始終不再追究。

張率不把財產的損失放在心上，是他的為人有氣度，同時也看得出他的作風。糧食不可能被鼠雀損耗那麼多，只能是僕人所為。但追究起來，主僕之間關係僵化，糧食還能收得回來嗎？糧食已難收回，又造成主僕關係的惡化，這不是失得更多、更大嗎？

　　《老子》中說：「禍往往與福同在，福中往往就潛伏著禍。」得到了不一定就是好事，失去了也不見得是件壞事。正確地看待個人的得失，不患得患失，才能真正有所得。人不應該因得到而沾沾自喜，認識人，認識事物，都應該是認識它的根本。得也應得到真的東西，不要為虛假的東西所迷惑。失去固然可惜，但也要看失去的是什麼，如果是自身的缺點、問題，這樣的失又有什麼值得惋惜的呢？

六十八、如何在弱勢之時低調自我

「人在屋簷下，哪能不低頭。」主動權不在自己的手中，要想順利達成目標，需要你表現出低的姿態。低姿態往往使你受到歡迎。

生活中，總有一些時候，主動權不是掌握在你的手中，而是掌握在別人的手中。不管你從事什麼樣的職業，你都可能遇到這種情況。

一位朋友曾講過這樣一個故事：

「我在一家百貨公司上班時，曾經為了和某大企業家締結合約拜訪過好幾次對方的府邸。」

「對方雖然是萬貫家財的大富翁，卻非常小氣。其他百貨公司也曾經試著和他打交道，都不得要領，大家都認為要使他成為百貨業的客戶是不可能的。但是，既然公司老闆下令『去看看』，我也只好來回奔波。」

「某一天，不知道他吃了什麼開心果：『嗯，上來吧！』終於可以登堂入室了。原以為這一次該有好的回音，事實卻不然。」

「大概是窮極無聊吧，『當我還年輕的時候……』這個古怪老頭突然開始滔滔不絕地說起他如何從一介平民奮鬥成為大富翁的經歷。這一番話足足講了二個多鐘頭。」

「這位大富翁的家是日式榻榻米格局，對方正襟危坐，我當然也不能直膝或盤腿而坐。剛開始我還能頻頻點頭，注意地聽，後來腳實在覺得痠疼，他的話已經變成了耳邊風。三十分鐘後腳已經麻痺，過了一個鐘頭，額頭直冒冷汗。」

「『今天就到此為止吧！』」

「這個古怪的大富翁說完就站起來，我也打算站起來，不料整個下半身麻痺，一不留神『砰』的一聲跌得四腳朝天！」

「大概是發出相當大的聲響吧，女傭嚇了一大跳，立即跑過來問：『發生了什麼事？』」

「古怪富翁看見我這個大男人竟然跌地不起，『真是個沒用的東西！』嘴上說著卻笑得合不攏嘴。」

「古怪富翁終於成為我們公司的客戶，這是因為憐惜我這個『沒用的東西』的結果。」

被兔子嘲笑為「遲鈍」的烏龜能夠贏得賽跑，而被笑罵為「沒用的東西」的這位朋友也成功地完成使命。相反地，那些被認為是「很能幹」的人，卻功敗垂成。

主動權不在自己的手中，要想順利達成目的，需要你表現出低姿態。低姿態往往使你受到歡迎。

比爾是某圖書公司的老闆，他白手起家、勤奮刻苦，幾年來生意越做越大，但令比爾苦惱的是，生意做大了所需的成本也相應增加，可是發出的圖書收款卻極為困難，許多客戶拖欠的帳款遲遲無法到位。為了解決這一難題，比爾決定親自出差，他仔細查閱了帳目，決定從欠款最多的 ML 公司開始。

在商場上摸爬滾打了多年，比爾知道不能貿然前往，否則十有八九不會有所收穫，為此比爾在動身前與 ML 公司經理取得了連繫，經過一番商談，對方答應予以解決大部分欠款。

二天之後，比爾來到了 ML 公司樓下，ML 公司規模的確很大，顧客盈門，公司內部一番忙碌的景象，這使比爾對收回二十萬欠款信心十足。

俗話說：「計畫沒有變化快。」比爾的信心不久就受到了打擊。ML 公司的女祕書接待了比爾，告訴比爾：「經理讓我轉交給你三千元帳款。」比爾聞言猶如晴天霹靂，頭暈目眩。比爾失望極了，他憤怒了，大叫起來，說對方不講信用，這樣下去不會有什麼好結果等等，比爾直說得口乾舌燥，但他的怒火仍未平息，那可憐的女祕書一直低頭不語。

也許是見到女祕書可憐的模樣，比爾不忍心再說下去，他徑直向經理室走去，門半開著，ML 公司經理正閉目靜坐，比爾敲了敲門，經理說：「我正等你呢！」比爾追問：「我們不是商量好了嗎？為什麼現在只解決這麼一

點呢？」「我們現在沒錢。」經理說道。比爾又憤怒了，比先前更怒不可遏，可是不管比爾說什麼，那位經理始終還是冷冷地說：「現在沒錢。」

憤怒之後的比爾清醒了許多，他意識到自己的失態，紅著臉向那位冷酷的經理道歉：「啊！真對不起，您看我這人太容易感情用事，剛才說了許多難聽的話……。」也許是比爾的真誠打動了經理，他的語氣也緩和了許多：「說真的，我們現在的確沒有錢。」接著比爾道出了自己的苦衷，希望經理予以諒解。經理也向比爾說明了原因，原來 ML 公司又開了幾家分店，公司的流動資金所剩無幾，外面帳款也未全部收回，而且又快到為員工發薪水的日子了，公司已盡了最大的努力給比爾三千元。比爾也清楚做生意的難處，也許是他們找到了共同的語言，不知不覺聊了許久，二人甚至成了知己，都覺得相見恨晚。

最後比爾拿著 ML 公司的三千元帳款，毫無怨言地離開了 ML 公司，那位經理一直送他到門外，答應比爾一定盡快解決。比爾臨走時也沒忘記向那位女祕書說聲「對不起！」還邀請她去他公司玩。

二個月後，比爾收到了 ML 公司的全部欠款，和一封希望今後繼續合作的信函。

許多時候，如果你要把事情做成，就得以一種低姿態出現在對手面前，表現得謙虛、平和、樸實、憨厚，甚至於畢恭畢敬。

對於你的對手而言，你謙虛時顯得他高大；你樸實和氣，他就願意與你相處，認為你親切、可靠；你恭敬順從，他的虛榮心就會得到滿足，往往會主動地幫助你解決問題。

「人在屋簷下，哪能不低頭」是為人處世的金玉良言。但需要清楚的是：低姿態並不是虛偽，也不是懦弱，更不是丟棄尊嚴的卑躬屈膝，它是一種以退為進的生存策略，其中還包含了「該軟就軟，該硬就硬」的處世良方。

六十九、如何在奢侈面前穩住自我

奢侈之風一有，人的思想就會受到侵蝕，貪慾也會越來越大，那麼災難也就接踵而來了。

《忍經》有云：「上天賦於人，名位利祿，莫不有數。人受於天，服食器用，豈宜過度。樂極而悲來，禍來而福去。」意思是說，上天賦予人們的名位利祿都有一定的數量，人們從上天接受的衣服、食物、器具，是不宜超過限度的，否則這就樂極而生悲，禍來則福去。

王愷是文明皇后的弟弟。石崇曾經和王愷相互競爭奢侈，王愷以紫色的絲做布障，長達四十里；石崇就做錦步障五十里來和他比。石崇後來被趙王司馬倫所殺，母親、哥哥和妻子兒女都被殺害。史家下結論說：石崇知識廣博，見多識廣，但做事從不後悔，富貴比得過當時四豪，豪華蓋得過五侯。菜園綠色一片像春天一樣，但季節卻是冬天；錦障連綿不斷，在山川之外隱約可見。

石崇因為生活奢侈腐化太過的緣故，被朝廷逮捕。石崇嘆息說：「這只不過是小人想瓜分我的財產罷了！」逮捕他的人說：「你既然早知道財富是禍害，為什麼不早早地散掉它呢？」石崇無言以對，被處斬刑。

自認為聰明一世的王愷、石崇，竟沒想到錢財會使自己喪命。

晉代王濟，字武子，娶常山公主為妻，被提升做侍中。他的父親王渾，曾平了吳國，立下軍功，做了尚書僕射。王濟宗族門徒勢力相當強盛，多有風流倜儻、豪邁直率之輩，豪氣蓋過當世。當時武帝親自去王濟家赴宴，宴席安排得極為豐盛。所有的東西都用玻璃器皿盛著，伺候的婢女有一百多人，都穿著綾羅綢緞。蒸的豬很肥美，和一般的味道很不一樣。皇帝很奇怪，就問是怎麼做的。王濟回答：「是用人奶蒸的。」皇帝臉色大變，很不高興，沒吃完就走了。

奢侈之風一有，人的思想就會受到侵蝕，貪慾也會越來越大，那麼災難也就接踵而來了。能不忍嗎？

與奢侈相對的是節儉。一個人要是以節儉修身，就不會有憂慮；以節儉治家，則無求於人。

　　古人言行一致，行儉忍奢的例子也很多。

　　晏嬰出身齊國的世家，曾經輔佐三個君主，因為節儉而在齊國聲名很大。吃飯時沒有多少肉，妻妾不穿綢緞，祭祀先人的時候，豬肩蓋不住盛器。所以《禮記・禮器》說：「晏嬰祭祀他的祖先，祭牲盛不滿肉器，穿著洗過多次的衣帽上朝。」

　　北魏李崇擔任尚書令，家裡經常只吃炒韭菜和煮韭菜。李崇的一個門客對人說：「李令公一頓飯吃十八種菜。」別人問這話是什麼意思，門客說：「二韭十八。」聽到的人哈哈大笑。

　　奢侈之風不可長。人的欲望是無窮盡的，有了飯吃，想吃魚肉，有了魚肉又要想吃山珍海味。有了衣服不滿足，還要有高級華麗的服飾。奢侈之風令人胸無大志，一心只想享受，正因為極力追求奢侈，才有了一切罪惡。奢侈之事要遠離，才能成大事，因為追求奢侈的生活，就會貪贓枉法。須知由儉入奢易，從奢入儉難呀！安於平淡，清廉自守，也是人高潔品行的一個方面。

七十、如何從空想中走出自我

成功是誘人的，即便是空想中的成功也是引人入勝的。但在空想中是無法真正實現成功的。空想是一朵帶刺的玫瑰，必須懂得如何採摘，才能讓它散發出芬芳。

生活中有大量的詞彙用來指代空想：想入非非、胡思亂想、想當然……人們對空想總是持一種鄙夷的、不屑的看法，但實際上每個人，從童年到老年，誰也無法擺脫空想的糾纏。

因為空想是人類的天，因為空想能帶來心理暫時的滿足。

對於空想，中國古代有個故事，叫「黃粱一夢」，講一個落魄的窮書生，一心追求功名卻苦求不得。一日，他沮喪萬分地來到一座破廟中。一位老和尚在他睡午覺時給了他一個枕頭，並告訴他，此枕頭妙用無窮，枕著它睡上一覺，所有的人生願望便都實現了。書生大喜，一睡果然很靈驗：他金榜題名，光宗耀祖，封妻蔭子，官一直做到宰相，真是風光無限，好不得意！然而天有不測風雲，他因某事受牽連，得罪了皇上，結果一夜間烏紗帽丟了，家產被抄了，榮華富貴轉眼間煙消雲散……書生大汗淋漓地醒來，驚魂未定，發現自己正睡在一座破廟裡，一位老和尚正笑吟吟地看著他。他頓時羞愧得無地自容！

這就是空想帶來的一切！

成功是誘人的，即便是空想中的成功也是引人入勝的。但在空想中是無法真正實現成功的。空想是一朵帶刺的玫瑰，必須懂得如何採摘，才能讓它散發出芬芳。

如何從空想中走出自我呢？

（一）正視現實

現實當然不比想像來得令人滿足，但現實就是現實，並非想像可以比擬。想像的東西只有落實到現實才有意義。如果一個人能正視現實，那麼，當想

像無法實現時,他便不會因此而灰心,而是繼續向著自己的目標、沿著成功的道路不斷地邁進。

(二)學會比較

比較,就是與別人或與以前的自己進行比較。只有不斷地比較,才能發現真正的自己與世界,才能正面看待眼前的現實。

(三)當空想實在不可抑制時,就去努力實現它

既然是空想,當然不能實現。但是,當你為了這個空想去做了,雖然不能實現這個空想,但你的行動本身仍會為你帶來成功。這種成功,雖然比空想來得小,但一定比現實來得大。

(四)成功來自踏踏實實的努力,而非想入非非

一步一腳印地努力,這樣的要求雖說早已是陳辭濫調,但是,真理雖然樸素,卻總能發出光芒。

七十一、如何在放縱之時牽住自我

放縱自己，是一種精神上的醜，思想上的邪，品德上的惡，是損壞自己靈魂的一味毒藥，它會使自己原本純淨的心靈出現鏽斑，使自己健全的身體受到腐蝕，使自己走向一條灰暗的、猥褻的甚至是頹廢的、邪惡的人生之路。

古人云：「人之持身立事，常成於慎，而敗於縱。」也就是說，人在立身創業的過程中，往往因為謹慎行事，才能獲得成功，而放縱任性則會導致失敗。

求知上放縱自己，就會使自己變得無知和淺薄；工作上放縱自己，就會使自己變得頹廢和隨便；生活上放縱自己，就會使自己變得自私和安逸；品德修養上放縱自己，就會使自己變得虛偽和輕浮；勝利時放縱自己，就會使自己變得狂妄自負；失敗時放縱自己，就會使自己變得頹靡消極；富有時放縱自己，就會使自己變得揮霍腐化；貧窮時放縱自己，就會使自己犯罪墮落⋯⋯一句話，放縱自己，是一種精神上的醜，思想上的邪，品德上的惡，是損壞自己靈魂的一味毒藥，它會使自己原本純淨的心靈出現鏽斑，使自己健全的身體受到腐蝕，使自己走向一條灰暗的、猥褻的甚至是頹廢的、邪惡的人生之路。

有一個名叫「神仙賜寶」的寓言：

一個窮人為給身患絕症的母親治病，賣掉了家裡僅有的衣被和鍋灶，自己身穿單薄的衣褲，在寒冷的冬季跋山涉水，到深山老林裡採藥。

他的孝心感動了神仙，神仙下凡，送給窮人一個「如意算盤」，稱有什麼願望只要撥動算盤珠子，就可以實現。

窮人第一個願望當然是希望母親治癒，於是他撥了一下算盤珠子，果然母親的身體很快就好了。

窮人興奮無比，又連續撥動算盤珠子，要吃要穿要金要銀，才一會兒功夫，他就變成了富翁。可是他還不滿足，一再撥動算盤珠子，要樓房要美女要金山要銀山，沒有止境。後來竟然要神仙當他的待者，這激怒了神仙，神

仙收走了寶貝和寶貝帶來的所有財富，使他回到了母親得病前的「原本狀態」。

這個窮人本來已擁有足夠的財富，可是由於他無法理智地掌握欲望，致使善的欲望轉化為惡的欲望，結果一敗塗地，這就是欲壑難填所造成的悲劇。

欲壑難填，放縱自己，結果招致慘敗的例子歷史上比比皆是。而同樣地，古代一些有為的君臣，在對待功名利祿這些事情時就懂得克制自己、保全自己的道理，可以說頭腦是頗為清醒的。

西元前五四五年，齊國大臣晏嬰輔助齊景公剷除了專權跋扈的慶封一夥，立下大功。齊景公打算把富饒的邶殿六十個邑賞賜給他，晏嬰卻拒絕接受。大臣子尾覺得奇怪，問晏嬰：「富貴，是人人所追求的，你為何獨獨不接受呢？」晏嬰回答：「慶封專權時，攫取了那麼多田園，算得上滿足了自己的欲望；正因為他一心滿足欲望，所以被打跑了。他逃到國外，連一塊封邑也享受不到。我的封地不多，算不上能滿足欲望，現在封給我邶殿這麼多好地方，算是能滿足欲望了；可是一旦感到欲望滿足，離滅亡也就不遠了。我不接受邶殿，並不是討厭富貴，而是害怕失去富貴啊！富貴，就像編織布帛要有寬度界限一樣，給它設定尺寸，是為了不讓它無邊無沿……貪圖私利太多了，必然會遭受失敗。我不敢貪多，就好比布帛要有幅度界限一樣啊！」

三國時期的劉備曾經留給兒子劉禪一句話：「勿以惡小而為之」。這位一生戎馬的政治家所說的這句話雖然已經過了近千年，但是它的哲理並沒有消失。

「勿以惡小而為之」的意思是說：不要因為不好的行為很小就去做它。小惡不制，必然發展，這實在是至理名言。

看看社會中那些犯罪分子，哪個不是從「小惡」開始走上犯罪道路的呢？有一個盜竊犯從小就小偷小摸，但他的父母並不加以制止反而鼓勵，從偷車鈴漸漸發展到偷自行車、偷衣服，最終發展到偷公司的錢而成為了罪犯。小惡不除必為大患，所以絕不能「以小惡而為之」，而要防微杜漸，防患於未然。

因此，不要對內心的欲望持無所謂的放縱態度，因為它們從不單行，而是接踵而來。如果你滿足了一個個不合理的欲望，那麼你人生的不幸也就從沉睡中醒來了。

七十二、如何在吝嗇之時開闊自我

如果一個人過於吝嗇自己的財產、金錢，他會因此而失去許多朋友，也會失去許多用金錢買不到的東西。

顏之推的《顏氏家訓》中有這樣一段話：「然則可儉而不可吝已。儉者，省約為禮之謂也；吝者，窮急不恤之謂也。」此話說出了這樣一個道理：節儉固然可嘉，但太過則為吝嗇。

世界上許多壞事都是因為捨不得錢財才發生，也有許多好事都因為不吝惜金銀而成功。縱觀歷史，還沒有一個吝嗇的人做成過大事，或者成了受人尊敬的人物。金錢為身外之物，生不帶來，死不帶去，而有些人就是無法理解這一點，一生廣聚財富，對人卻吝惜的不得了。

《儒林外史》中的嚴監生，臨死之前，伸著二個手指頭，怎麼也無法瞑目。眾人紛紛猜測他的意圖。大侄子走上前來問他：「二叔你莫不是還有二個親人沒有見面？」他搖頭。二侄子又走過來說：「二叔，莫不是還有二筆銀子在哪裡沒有吩咐？」他又搖了搖頭。媽媽抱著嚴監生的兒子在一邊插嘴說：「老爺是想二位舅爺不在眼前，因而掛念著他們？」他閉上眼睛，只是搖頭，手依然指著。他的填房老婆趙氏揩乾了眼淚，走上前來說：「老爺，別人說的都是不相干的事，只有我知道你的心思，你是為了燈盞裡頭點的是二莖燈草不放心，恐怕浪費了油，我如今挑掉一根就是了。」說著走過去挑掉一莖燈草芯，嚴監生才把頭一點，手垂下來，嚥了氣，真可謂是捨命不捨財。

真正明瞭錢財是身外之物的人，他們也才知道怎樣去用財。

東吳的魯肅、宋朝的范仲淹，都是不吝自己的錢財，把它用於有益之處的人。唐代的嚴震，任山南西道節度使時，有一個人向他討錢謀生，嚴震就召集他的兒子公弼等人徵求意見，公弼認為是社會風氣太壞了，有人不事勞作，只想發財，完全可以不答應這種無理的要求。嚴震聽了很不高興，他說：「你這樣吝嗇肯定會毀了我的家門。作為兒子，你應該勸我盡力多做善事，

怎麼可以勸我吝惜財物呢？這個向我借錢的人，一張口就要借三千，這不是個小數目，敢開口借這麼多錢的人，的確也不是一般的人。」於是命令手下的人如數把錢借給了那個人。這樣一來劍南西川、東川及山南西道三川的士子爭先恐後歸順於嚴震，而且其中也沒有人提出什麼過分的要求。嚴震正是因為不吝嗇錢財而獲得了眾人的擁護。

以上我們可以看到，這些古人都能解人之難，救人之患，急人之急，不吝自己的財物，是有高尚道德的人。也正是這樣，才能團結、吸引人才，和他們一起成就大事業。

如果一個人過於吝嗇自己的財產、金錢，他會因此而失去許多朋友，也會失去許多用金錢買不到的東西。

七十三、如何在小勇面前理智自我

一時的衝動，頭腦不冷靜，只能是輕舉妄動，不是具有大智慧的人所為的事。克制小勇就是遇事要沉著冷靜，不慌忙下結論，不輕易地去與對方動手，而是仔細分析利弊之後再採取行動。

在小勇面前理智自我，也就是說人不能逞強、逞能，做事應該量力而為，謹慎行事，給自己留有餘地，這樣才能進退有序。一個人恃勇行事，往往會過高地估計自己，輕視困難，輕視對手，使自己處於不利之地。有時明明是自己沒有把握的事，卻硬是要把胸脯拍得山響；有些事自己本來根本不會做，也從來沒有做過，卻仗著膽子誇下海口，立下軍令狀，這樣做勢必給自己帶來痛苦和被動。

勇作為一種道德規範，本來是人類社會中帶有共同性的傳統美德。但是勇也是有層次的，古人依據勇的程度和性質的不同，把勇分為狗彘之勇，賈盜之勇、小人之勇、士君子之勇，我們鼓勵和提倡的是真正的大智大勇，是士君子之勇，而要隱忍的是狗彘之勇、賈盜之勇、小人之勇。《荀子‧榮辱》中告訴我們小勇都有哪些具體表現：「有狗彘之勇者，有賈盜之勇者，有小人之勇者……爭飲食，無廉恥，不知是非，不避死傷，不畏眾強，然唯貪而戾，然則唯利之見，是賈盜之勇也。輕死而暴，是小人之勇也。」這些勇不是真正的勇，是我們應該克制和杜絕的，它輕則傷人傷己，重則對社會、對人民都有極大的危害。

要說勇武，自古沒有比軍中大將更為勇毅的人，但要真能以勇勝敵，單靠匹夫之勇是不行的。無論是哪朝哪代，真正勇敢的將帥、兵士，都知道怎樣克制無謂的勇、小人之小勇，才能勝敵。所以為將為帥，他們具有的是大智大勇。他們也能忍住一時的激憤，一時的衝動，不仗勇妄動，而是忍勇待時而動，最終獲勝。

漢景帝時，周亞夫拜為太尉。當時吳王率其餘七國叛亂，漢景帝命令周亞夫率領三十六名大將軍攻打吳楚諸國。周亞夫對景帝說：「楚國的士兵剽悍而且靈活，我們的軍隊不能與他們正面交鋒。建議把梁國丟給他們，然後

斷絕他們的糧草之道。」景帝同意了他的想法，於是吳國軍隊猛烈地攻擊梁國。梁國幾次派人求救，周亞夫都不派兵。梁國於是派韓安國、張羽為將軍。張羽敢拚敢打，韓安國比較穩重，二人使吳兵受到重挫。

吳國的軍隊準備向西攻打，卻因為梁國堅守不下，不敢引兵向西，隨之攻擊。周亞夫軍隊發生內訌，叛亂的軍隊一直衝到周亞夫的營帳下，周亞夫躺在床上鎮定如常。過了一會兒，軍營中便平靜了。吳國軍隊衝向東南角，周亞夫卻在西北角防備，果然，吳國的精兵衝向西北角，卻衝不進去。吳國和楚國的軍隊餓死的人很多，軍隊隨即叛逃散去。這一年的二月，周亞夫派精兵追擊，一舉打敗了他們。吳王丟掉軍隊，在夜裡逃走，楚王劉戊自殺了。

周亞夫是一個善於用兵的人，他知道應該把勇武用在何處、何時。

真正有大智大勇的人是受人敬重的。我們提倡的是大智大勇，摒棄的是匹夫之勇。一時的衝動，頭腦不冷靜，只能是輕舉妄動，不是具有大智慧的人所為的事。克制小勇就是遇事要沉著冷靜，不慌忙下結論，不輕易地去與對方動手，而是仔細分析利弊之後再採取行動。

七十四、如何從依賴中獨立自我

把希望都寄託在別人身上，而自己捨不得出一點力氣，你便成為一個脆弱的人，一個現代奴隸。

依賴性是很多人無法成大事的劣根所在，這種習慣是把希望都寄託在別人身上，而自己捨不得出一點力氣。成大事者的習慣就是依靠自己！依賴別人是人們普遍存在的一種壞習慣。

要實現心理獨立，首先就得擺脫依賴他人的需要。請注意，這裡講的是「依賴的需要」，而不是「與人交往」。一旦你覺得需要別人，你便成為一個脆弱的人，一個現代奴隸。

關於依賴，有這樣一則笑話：

父子倆趕著一頭驢到市集上去。路上有人批評他們太傻，放著驢不騎，卻趕著走。父親覺得有理，就讓兒子騎驢，自己步行。沒走多遠，有人又批評那兒子不孝：「怎麼自己騎驢，卻讓老父親走路呢？」父親聽了，趕快讓兒子下來，自己騎到驢上。走不多遠，又有人批評說：「瞧這當父親的，也不知道心疼自己的兒子，只顧自己舒服。」父親想，這可怎麼是好？乾脆，兩個人都騎到了驢背上。剛走幾步，又有人為驢打抱不平了：「天下還有這樣狠心的人，看驢都快被壓死了！」父子倆臉上掛不住了，好，索性把驢綁上，抬著驢走……。

故事中父子倆的行為很可笑，但笑過之後想想，我們自己是不是也經常這樣做：做事或處理問題沒有自己的思想，或自己雖有考慮，但常屈從於他人的看法而改變自己的想法，人云亦云，隨波逐流，對他人有很強的依賴性，而失去了自己的原則呢？

依賴別人使一個人失去精神生活的獨立自主性。依賴的人無法獨立思考，缺乏創業的勇氣，其肯定性較差，會陷入猶疑不決的困境，他一直需要別人的鼓勵和支持，借助別人的扶助和判斷。依賴者還會表現出剝削的性格傾向——好吃懶做，坐享其成。

依賴者會形成一些特有的症狀，他們缺乏社會安全感，跟別人保持距離。他們需要別人提供意見，經常受外界指使，自己好像沒有判斷能力。他們潛藏著脆弱，沒有發展出機智應變的能力，較易失業。

我們可以採取下列方式消除依賴心理：

（一）制定一份「自我獨立宣言」，並向他人宣告，你渴望在與他人的交往中獨立行事，徹底消除任何人的支配（但不排除必要的妥協）。

（二）與你依賴的人談話，告訴他們你為何要獨立行事，並明確你出於義務而行事時自己的感受。這是著手消除依賴性的有效方法，因為其他人可能甚至還不知道你處於服從地位的感受如何。

（三）提出有效生活的五分鐘目標，確定如何在這段時間內與支配你的人打交道。當你不願違心行事時，不妨回答說「不，我不想這樣做」，然後看看對方對你這一答覆的反應。

（四）當你有足夠的自信心時，與支配你的人推心置腹地談一談，然後告訴他，你以後願意透過某個手勢來向他表明你的這種感覺，比如說，你可以摸摸耳朵或歪歪嘴。

（五）當你感到在心理上受人左右時，告訴那人你的感覺，然後爭取根據自己的意願去行事。

（六）如果你覺得出於義務而不得不去看望某個人，問問你自己：別人若處於某種心理狀態，你是否願意讓別人來看望你。如果你不願意，那就應該「已所不欲，勿施於人」。找這些人去談談，讓他們認識到僅僅出於義務的交往是有損人的尊嚴的。

（七）堅持不帶任何條件的經濟獨立，不向任何人報帳。你如果得向別人要錢花，便會成為他的奴隸。

（八）不要繼續發號施令，控制別人；不要繼續受制於人，唯命是從。

（九）承認自己有保持私密的願望，不必把自己的所有想法和經歷都告訴某人。你是獨特而與眾不同的，應該有自己的祕密，如果事事都要告訴別人，那你便沒有選擇可言，當然也就成了不獨立的人。

（十）在晚會上，不要老是陪伴著你的夥伴，不要出於義務而一直陪著他。二個人分開去找別人講講話，晚會結束之後再聚在一起。這樣，你們會加倍擴大自己的知識和見聞。

（十一）記住：你沒有讓別人高興的義務，別人自會尋求解脫和愉快。你可以在與別人的相處中得到真正的樂趣，但如果感到有義務讓別人高興，那你就失去了獨立性。

（十二）不要忘記：習慣並不是做任何事情的理由。不錯，你以前一直服從別人，但不能因此再繼續受人支配。

七十五、如何在草率之前思考自我

一個人草率行事的個性只會讓自己吃盡苦頭──毫無頭緒、混亂不堪、漏洞百出。成大事者應力戒此點！

我們的行動通常比較受情緒、成見、急躁或其他非分析性做法的影響，這都是不成熟的表現。就好像小孩子喜歡凡事「馬上去做」，或過馬路的時候沒注意過往的車輛，或在大太陽下跑到河邊玩耍，結果卻中了暑等等，都是沒有考慮到後果，只憑衝動便糊塗行事的幼稚行為。

一個人草率行事的個性只會讓自己吃盡苦頭──毫無頭緒、混亂不堪、漏洞百出。成大事者應力戒此點！

「先瞭解你要做什麼，然後去做」。對行事容易草率的人來說，這是很好的座右銘，尤其是前半段。假如決斷和行動力是邁向成熟的必要條件，則表示我們所採取的行動，必須根據良好的分析與判斷。

「行動之前先仔細看」或「投資之前先仔細研究」，均不表示我們做事猶豫沒有決斷。這些話的意思是要警告我們：採取行動千萬不可魯莽、倉促，要認清事實的真相再做出相應的行動。

假如醫師在急救病人的時候，沒有事先把病況弄清楚，則極有可能為病人帶來不幸。不錯，在許多情況之下，立即行動是必要的，但其成大事的比例往往視其對問題了解的正確度而定。

住在新墨西哥州阿布魁克市的泰德‧考絲太太，好幾年前曾為財務問題而煩惱不已。她有一位多病的母親住在布魯克林，由二名婦人負責照料她的起居。考絲太太後來發覺很難維持這樣的開銷，而一位時常在財務上資助她的叔父，也打電話向她表示是否可以減少開支，如減少那二名看護婦的薪水，或縮減房屋的維修費等等。

考絲太太一時不知該如何做決定，便要求讓她好好想一下，等做了決定之後再回電話給他。考絲太太十分感謝這位叔父長期的幫助，也覺得應該想辦法減輕這位叔父的負擔。

「我取來一些紙張，然後開始分析。」考絲太太描述道，「我先把母親的收入——如有價證券、叔父給她的補助等等一一列出來，然後再列出所有開支。沒多久，我便發現母親在衣、食方面的花費極少，但那棟擁有十一間房的住所，卻得花一大筆錢來維持——光是每月的瓦斯費就得二、三十塊錢。再加上各種雜項開支和稅金，還有保險費等等，為數十分可觀。當我見到這些白紙黑字的證據，便知道事情該如何處理了——那房子必須解決掉。」

「從另一方面來看，母親的身體越來越差，我擔心這時移動她可能不太妥當。她一直希望能在那棟房子度過餘生，我也願意盡可能成全她的願望。於是，我去拜訪一位醫師朋友，請他給我一些意見。這位醫師認識一名經營私人療養院的婦人，地點離我們住的地方只有三分鐘路程。」

「這位婦人不但心地好，人又能幹，所收的費用也極合理，因此我決定把母親送到她家去，讓她來照顧。」

這件事處理的結果，對每個人都十分理想。考絲太太母親受到極好的照顧，一直還以為她仍住在家裡。考絲太太現在每天都能抽空去探望她，而不是每星期一次。她叔父的負擔減輕了，他們的財務問題也獲得解決。此次經驗告訴考絲太太，假如把問題寫下來，便能完整、清楚地看到所有的事實，問題往往便能迎刃而解。

考絲太太的例子，清楚地顯示出：一個行動是否會成功，往往要看事前的分析。假如考絲太太沒有好好地研究問題所在，也沒有好好去組織要採取的步驟，而是草率地採取行動，則很可能不但無法解決財務問題，甚至還會嚴重影響到母親的健康。

這種把事實列在紙上，讓它們自己把問題或解決方法顯現出來的方式，在處理金錢問題方面尤其有用。而如今，哪個人不會在金錢或其他方面碰到麻煩呢？

我們之間有許多人常常沒有這麼做——先坐下來仔細研究困擾我們的問題，相反地，我們常常為問題而輾轉不能入眠，卻又一再拖延做決定的時間；或是，我們沒有經過仔細的判斷，便在短時間內做出決定。結果不但沒有解

決問題，反而使問題更惡化。為使問題得到解決，我們應該盡可能地面對事實，並蒐集更多有關問題的資料，然後，可能的話，更進一步去研析資料，以瞭解自己所處的狀況。

行動能力的確是成功的必備條件之一，但必須有知識和理解做基礎，才能避免毫無價值的草率行為。

七十六、如何在言語面前忍住自我

言多必失，話一出口，不加思索，匆忙之中妄下結論所造成的影響，是再用幾百句、幾千句話也彌補不了、修正不了的。一言既出，駟馬難追。

俗話說：「言多必失。」是說如果一個人總是滔滔不絕地說話，說得多了，話裡就自然地會暴露出許多問題。比如你對事物的態度，你對事態發展的看法，你今後的打算等等，都會從談話中流露出來，被你的對手所瞭解，從而制定出相應的策略來戰勝你。而且，你的話多了，其中自然會涉及到其他人。

由於所處的環境不同，人的心理感受不同，而同一句話由於地點不同、語氣不同，所表達的情感也不盡相同，別人在傳話的過程中也難免會加入他個人的主觀理解，等到你談的內容被談話對象聽到時，可能已經大相逕庭，勢必造成誤解、隔閡，進而形成仇恨。另外，人處在不同的狀態下，說話時心情不同，話的內容也會不同，心情愉快的時候，看事看人也許比較符合自己的心思，故而讚譽之言可能會多；有時心情不愉快，說起話來不免會憤世嫉俗，說出許多過頭的話，招來很多麻煩。

「喜時之言多失信，怒時之言多失禮」。古人很早就認識到「禍從口出」的真理。看看下面的故事，你就不難理解為什麼要在言語面前忍住自我了。

南北朝時，賀若敦為北周的大將，自以為功高才大，不甘心居於同僚之下，看到別人做了大將軍，唯獨自己沒有被晉升，心中十分不服氣，口中多有抱怨之詞，決心好好大戰一場。

不久，他奉調參加討伐平湘州戰役，打了勝仗之後，全軍凱旋，這應該算是為國家又立了一個大功吧，他自以為此次必然要受到封賞，不料由於種種原因，反而被撤掉了原來的職務，為此他大為不滿，對傳令史大發怨言。

晉王宇文護聽了以後，十分震怒，把他從中州刺史任上調回來，迫使他自殺，臨死之前他對兒子賀若弼說：「我有志平定江南，為國效力，而今未能實現，你一定要繼承我的遺志。我是因為這舌頭把命都丟了，這個教訓你

不能不記住呀！」說完後，便拿起錐子，狠狠地刺破了兒子的舌頭，想讓他記住這血的教訓。

光陰似箭，斗轉星移，轉眼幾十年過去了，賀若弼也做了隋朝的右領大將軍，他沒有記住父親的教訓，常常為自己的官位比他人低而怨聲不斷，自認為當個宰相也是應該的。不久，不如他的楊素卻做了尚書右僕射，而他仍為將軍，未被提拔，他氣不打一處來，不滿的情緒和怨言便時常流露出來。

後來一些話傳到了皇帝耳朵裡，賀若弼被逮捕下獄。皇帝楊堅責備他說：「你這個人有三太猛：嫉妒心太猛；自以為是，自以為別人不是的心太猛；隨口胡說目無長官的心太猛。」因為他有功，不久也就放了。他還不吸取教訓，又對其他人誇耀他和皇太子之間的關係，說：「皇太子楊勇跟我之間，情誼親切，連高度的機密也都對我附耳相告，言無不盡。」

後來楊勇在隋文帝那裡失勢，楊廣取而代之為皇太子，賀若弼的處境可想而知。

隋文帝得知他又在那裡大放厥詞，就把他召來說：「我用高潁、楊素為宰相，你多次在眾人面前放肆地說『這二個人只會吃飯，什麼也不會做，這是什麼意思？』言外之意是我皇帝也是廢物不成？」賀回答說：「高潁是我的老朋友，楊素是我舅舅的兒子，我瞭解他們，我也確實說過他們不適合擔當宰相的話。」這時因他言語不慎，得罪了不少人，朝中一些公卿大臣怕受株連，都揭發他過去說的那些對朝廷不滿的話，並聲稱他罪當處死。

隋文帝見了對賀若弼說：「大臣們對你都十分厭煩，要求嚴格執行法度，你自己尋思可有活命的道理？」賀若弼辯解說：「我曾憑陛下神威，率八千兵渡長江活捉了陳叔寶，希望能看在過去功勞的份上，給我留條活命吧！」隋文帝說：「你將出征陳國時，對高潁說：『陳叔寶被削平，問題是我們這些功臣會不會飛鳥盡，良弓藏？』高潁對你說：『我向你保證，皇上絕對不會這樣。』是吧？等到消滅了陳叔寶，你就要求當內史，又要求當僕射，這一切功勞過去我已特別重賞了，何必再提呢？」賀若弼說：「我確實蒙受陛下特別的重賞，今天還希望特別地賞我活命。」此時他再也不攻擊別人了。隋文帝考慮了一些日子，念他勞苦功高，只罷了他的官。

父子兩代人，同樣是因言多而壞事，所以要忍那些不該講的話，以免招致不必要的禍端。

言辭不忍有百害而無一利。言多必失，話一出口，不加思索，匆忙之中妄下結論，所造成的影響是再用幾百句、幾千句話也彌補不了、修正不了的。一言既出，駟馬難追。

在言語面前忍住自我，要做到以下幾點：一是要少說話，多聽聽他人的意見和主張，虛心向有才能的人學習，才能以人之長補己之短。二是講話要慎重，不要妄發言論，信口雌黃，讓人覺得你不知天高地厚。三是講話要注意時間、地點、場合和講話的對象。不要不管三七二十一，炫耀自己在某一方面有學識、有見解，或是比別人知道的他人隱私多，亂發議論，這樣會傷害別人的自尊心，也會影響人際交往。四是要注意講話內容的選擇，該講的則講，不該講的不要到處亂講。

國家圖書館出版品預行編目（CIP）資料

超鐵血法則：改變人生的意志力鍛鍊法 / 鄭宜真 著 . -- 第一版 .
-- 臺北市：崧燁文化，2020.01
　面；　公分
POD 版

ISBN 978-986-516-315-0(平裝)

1. 修身 2. 成功法

192.1　　　　　　　　　　　　　　　　108022311

書　　名：超鐵血法則：改變人生的意志力鍛鍊法
作　　者：鄭宜真 著
發 行 人：黃振庭
出 版 者：崧燁文化事業有限公司
發 行 者：崧燁文化事業有限公司
E - m a i l：sonbookservice@gmail.com
粉絲頁：　　　　　　網址：
地　　址：台北市中正區重慶南路一段六十一號八樓 815 室
8F.-815, No.61, Sec. 1, Chongqing S. Rd., Zhongzheng
Dist., Taipei City 100, Taiwan (R.O.C.)
電　　話：(02)2370-3310 傳　真：(02) 2388-1990
總 經 銷：紅螞蟻圖書有限公司
地　　址: 台北市內湖區舊宗路二段 121 巷 19 號
電　　話:02-2795-3656 傳真 :02-2795-4100　　網址：
印　　刷：京峯彩色印刷有限公司（京峰數位）

定　　價：250 元
發行日期：2020 年 01 月第一版
◎ 本書以 POD 印製發行